Eugen Drewermann
im Gespräch mit Michael Albus
Die Stunde des Jeremia

Eugen Drewermann
im Gespräch mit Michael Albus

Die Stunde des Jeremia

Für eine Kirche,
die Jesus nicht verrät

Patmos Verlag

VERLAGSGRUPPE PATMOS
PATMOS
ESCHBACH
GRÜNEWALD
THORBECKE
SCHWABEN
VER SACRUM

Die Verlagsgruppe
mit Sinn für das Leben

Für die Verlagsgruppe Patmos ist Nachhaltigkeit ein wichtiger Maßstab ihres Handelns. Wir achten daher auf den Einsatz umweltschonender Ressourcen und Materialien.

Alle Rechte vorbehalten
© 2020 Patmos Verlag
Verlagsgruppe Patmos in der Schwabenverlag AG, Ostfildern
www.patmos.de

Umschlaggestaltung: Finken und Bumiller, Stuttgart
Umschlagabbildung: Ilja Jefimowitsch Repin (1844–1930), Jeremia betrauert die Zerstörung Jerusalems (Quelle: Wikimedia Commons)
Autorenfoto Eugen Drewermann: © Thomas Fritsch
Autorenfoto Michael Albus © privat
Satz und Repro: Schwabenverlag AG, Ostfildern
Druck: CPI books GmbH, Leck
Hergestellt in Deutschland
ISBN 978-3-8436-1250-0

Inhalt

Vorbemerkungen	10
1 **Mitternacht heißt diese Stunde** *Wie dieses Buch entstanden ist*	13
2 **Weit entfernt von Jesus**	17
3 **Alles in der Religion wird falsch verstanden, wenn man es nicht symbolisch nimmt** *Jesus in seiner Zeit*	18
4 **Eigentum, Besitz und Geld** *Ein Durchlaufposten zum Weitergeben*	25
5 **Von oben nach unten zu herrschen, ist beschämend** *Abschaffung des gängigen Machtbegriffs*	28
6 **In Deine Hände gebe ich mich selber** *Das Vertrauen Jesu in Gott*	30
7 **Die ganze Botschaft Jesu kann man nur verstehen als konsequente Umkehrung der Welt**	37
8 **Jesus wollte und ermöglichte eine andere Einstellung zu uns selber** *Die fragwürdige Normalität des Strafrechts*	43
9 **Woher die Angst?**	45

10
Ohne Zweifel ist Jesu Geschichte das Beispiel
eines grandiosen Scheiterns 56

11
An der Seite Jesu zu sich selber zurückgekehrt 58
Maria von Magdala

12
Die am Boden Liegenden brauchen eine Güte,
die ihnen aufhilft. Nichts weiter 63
Paulus

13
Jesus musste keine neue Organisation gründen,
weil das Judentum die Organisation in den Händen
Gottes war, die er antraf 66
Kirche

14
Wir brauchen Fenster in den Wänden der irdischen
Existenz, damit von außen Licht hereinfällt 77
Kirche in der Nachfolge Jesu

15
Menschen, die es wagen wehrlos zu bleiben, die nicht
groß sein müssen, um sich darzustellen. 80
Jesus und die Kinder

16
Sagen wir es ganz simpel: Er hat sie nicht gefürchtet 87
Jesus und die Frauen

17
Kein Mensch hat eine Verfügungsgewalt mehr über
den anderen 95
Jesus und die Macht

18
Der Einzelne ist die Kategorie des Christlichen 99
Ämter, Strukturen, Dienste in der Kirche

19
In den Herzen ereignet sich die Wahrheit, nicht
in dogmatischen Behauptungen 105
Konturen einer Kirche, die Jesus nicht verrät

20
Noch einmal: Ämter und Dienste –
Macht und Strukturen 116

21
Wohin gehen wir? – Immer nach Hause! 128
Ein Beispiel

22
Um weiterzukommen, müssen wir einen langen Weg
zurückgehen 134
Das Ende der alten »Kopfstrecke«

23
Eine Kulturtransformation unserer Gesellschaft wäre
nötig, um eine Kirche einzurichten, wie sie heute
notwendig wäre 136

24
Die Kirche hat einen Auftrag für die Welt und
nicht für die Erhaltung ihres Systems 149
Anpassung und Widerstand

25
Was also ist zu tun? 151

26
Als Mann und Frau erschuf er sie 162
*Das Verhältnis der Geschlechter in der
katholischen Kirche*

27
Du sollst nicht lügen! Du sollst keinen Meineid leisten!   167
Die Kirche und das Rechtssystem

28
Es wird anscheinend immer fragwürdiger, was mit Person, mit Seele, mit Individualität noch gemeint ist   170
Kirche und die Gefahr der Verwandlung des Humanen ins Transhumane

29
Wir haben davon gesprochen, wie Jesus die Kinder schützt. Was für ein pädagogisches Prinzip!   173
Kirche und Bildung/Erziehung

30
In Gottes Händen liegt jede Gemeinde. Das sind konkrete Menschen, Subjekte, nicht Objekte einer amtlich bestellten Seelsorge   178
Rückblick und Ausblick

31
Ein gutes, konkretes Beispiel   184
Der Katakombenpakt

Weiterdenken   188
Auf jeden Fall eine offene Kirche sein
Herrschen und Dienen
In der Armut eines banalen Lebens

Kurzer Lebenslauf von Eugen Drewermann	191
Quellenangaben	193
Zu Eugen Drewermann	195
Zu Michael Albus	196

Spruch des Herrn: Ich habe meine Weisung in ihre Mitte gegeben und werde sie auf ihr Herz schreiben. Ich werde ihnen Gott sein und sie werden mir Volk sein. Keiner wird mehr den andern belehren, man wird nicht zueinander sagen: Erkennt den Herrn!, denn sie alle, vom Kleinsten bis zum Größten, werden mich erkennen - Spruch des Herrn.
Jeremia 31,33–34a

Ihr seid also jetzt nicht mehr Fremde und ohne Bürgerrecht, sondern Mitbürger der Heiligen und Hausgenossen Gottes. Ihr seid auf das Fundament der Apostel und Propheten gebaut; der Eckstein ist Christus Jesus selbst. In ihm wird der ganze Bau zusammengehalten und wächst zu einem heiligen Tempel im Herrn. Durch ihn werdet auch ihr zu einer Wohnung Gottes im Geist miterbaut.
Epheserbrief 2,19–22

Vorbemerkungen

> Kein Aussehen, das wir einer Sache geben können, wird uns schließlich so viel nützen wie die Wahrheit. Sie allein trägt sich gut.
>
> *H. D. Thoreau, Walden oder das Leben in den Wäldern*

Die katholische Kirche in Deutschland am Beginn des 3. Jahrtausends nach Jesu Geburt:
- Skandale wegen des Geldes reißen nicht ab, häufen sich.
- Das Problem der sexuellen Gewalt ist nicht gelöst, schwelt weiter im Untergrund. Immer wieder und immer deutlicher zeigt sie ihr hässliches Gesicht. Auch in der Spitze der Kirche.
- Die Frauen sind nach wie vor, aus der Sicht der Männerkirche, eine Randerscheinung.
- Hinzu kommt der verstörende Streit um die Zulassung von wiederverheirateten Geschiedenen zur Kommunion.
- Die Ökumene stagniert. Außer ein paar Events und Erklärungen.
- Es formiert sich der Widerstand der Gestrigen gegen einen Papst, dem das Leben wichtiger ist als die Lehre. Aber auch der Papst gibt – leider – mehr und mehr Anlass zur begründeten Kritik.
- Der Mitgliederschwund hält an.

Die offizielle Kirche sendet immer wieder Stellungnahmen und Erklärungen aus, die kaum jemanden innerhalb und außerhalb der Kirchenmauern noch interessieren. In Wirklichkeit zieht sie sich immer mehr in sich zurück. Verwaltungsfragen stehen im Vordergrund. Man diskutiert in vielen

Kommissionen und Sitzungen viele Papiere und sitzt wie einst die Apostel am Pfingstfest in Jerusalem hinter verschlossenen Türen, nimmt aber die Feuerzungen drinnen und draußen nicht mehr wahr. Die Kirche hat ihren Schwung verloren. Sie ist ein still gelegtes Bergwerk geworden. Bleibt unter Tage. Kreißt in sich selbst. Bringt aber nichts Lebenstaugliches zur Welt.

Die Situation lässt sich knapp so beschreiben: Drinnen in der Festung – draußen vor den Toren. Dazwischen Niemandsland. Dort sind die Heimatlosen.

Längst ist die Kirche ins finanziell luxuriös ausgestattete, gesellschaftliche Abseits geraten. Ihre »obersten« Verlautbarer – alles Männer – meinen, noch gehört und ernst genommen zu werden und auch eine politische und gesellschaftliche Rolle zu spielen. Das ist eine Selbsttäuschung. Die Wirklichkeit stellt sich anders dar. Die Kirche wird nicht mehr ernst genommen.

In der Bibel steht: »Die Gestalt dieser Welt vergeht« (1 Korinther 7,31). Die Kirche gehört zur Gestalt dieser Welt. Auch sie vergeht.

Eugen Drewermann und ich sind der Meinung: Die Botschaft Jesu ist wichtiger als die Lehre der Kirche. Die herrschende Kirchenleere kommt von der herrschenden Kirchenlehre.

Es ist zuweilen kaum mehr erträglich, mit welcher Arroganz viele Kirchenmänner über das religiöse Leben der »Gläubigen« meinen, bestimmen, ja herrschen zu können. Ihre Legitimation steht auf tönernen Füßen. Manche glauben sogar, dass sie ihr »von oben« gegeben wäre. Wo ist »oben«?

Die Kirche darf nicht das Grab Jesu werden.

Sie soll der Ort seiner Auferstehung sein. Oder?

Bert Brechts »Mutter Courage« – das Stück spielt im Dreißigjährigen Krieg – singt, weil das Elend nicht enden will und sie als Marketenderin mit den Soldaten weiterziehen muss, obwohl sie eigentlich des Marschierens überdrüssig ist, am Ende das Lied:

> Der Krieg, er dauert hundert Jahre.
> Der g'meine Mann hat kein Gewinn.
> Jedoch vielleicht geschehn noch Wunder:
> Der Feldzug ist noch nicht zu End!
> Das Frühjahr kommt! Wach auf, du Christ!
> Der Schnee schmilzt weg! Die Toten ruhn!
> Und was noch nicht gestorben ist
> Das macht sich auf die Socken nun.

1
Mitternacht heißt diese Stunde
Wie dieses Buch entstanden ist

Eugen Drewermann und ich kennen uns schon lange. Wir lernten uns kennen in der Zeit, in der er mit seiner Kirche in heftigen Streit geriet. Das liegt jetzt schon wieder lange Jahre zurück. Dass ich als Journalist in einem Massenmedium über diesen fundamentalen Streit berichten musste, war für mich selbstverständlich. Theologisch war ich auf seiner Seite. Was mich nicht daran hinderte, ihn kritisch zu befragen. Aber das war für die Männer der Kirche schon zu viel. Ich habe in jenen Jahren einiges einstecken müssen. Auch an persönlichen Verletzungen und Beschimpfungen aus dem Innern des Kirchenraumes. Sei's drum! Was Eugen Drewermann damals gesagt hat, ist heute längst eingetreten.

Vorzeiten, im grauen Altertum, hat man die Boten, die die schlechten Nachrichten ins Zentrum des Reiches brachten, abgemurkst, mundtot zu machen versucht, in der Hoffnung, dass damit auch ihre Nachrichten gegenstandslos seien.

Heute hat die kirchliche und gesellschaftliche Wirklichkeit die Nachrichten von damals überholt. »Kirche« ist ein Torso geworden. Immer weniger gehen noch hin.

Erinnert sei an Heinrich Böll. Er wurde 1970 vom »Stern« gefragt, warum er die Kirche nicht mehr attackiere? Seine Antwort: »Ich will keine Leichenschändung begehen.«

Eigentlich ist die Situation so, dass man die Institution »vergessen« könnte. Wenn da nicht Jesus wäre! – Sein Leben, sein Sterben, seine Botschaft sind etwas so Kostbares, dass es sich dafür zu leben und zu streiten lohnt.

Die katholische Kirche ist unbezweifelbar in einer schweren Krise. »Kritisch« nennen die Ärzte den Zustand eines Kranken, wenn sich entscheidet, ob es gut oder schlecht ausgeht. Krise ist somit eine Zeit der Entscheidung, der Offenheit für das, was an der Zeit und an der Ewigkeit ist.

Krise ist auch die Stunde des Propheten Jeremia, der 587 vor Christus, als Jerusalem belagert war, seiner Religion im Namen Gottes die Worte entgegengeschleudert hat:

Die Priester fragten nicht: Wo ist der Herr?
Die Hüter des Gesetzes kannten mich nicht,
die Hirten des Volkes wurden mir untreu.
Die Propheten traten im Dienst des Baal auf
und liefen unnützen Götzen nach.
Darum muss ich euch anklagen.

Dieses Volk aber hat ein störrisches, trotziges Herz.
Sie wichen vom Weg ab und gingen davon.
Sie sagten nicht bei sich selbst:
Lasst uns den Herrn fürchten, unseren Gott …
Ja, Frevler gibt es in meinem Volk …
Auch sündigen sie durch ruchloses Tun.
Das Recht pflegen sie nicht,
dem Recht der Waisen verhelfen sie nicht zum Erfolg,
und die Sache der Armen entscheiden sie nicht.
Sollte ich das nicht bestrafen – Spruch des Herrn –
und an einem solchen Volk keine Rache nehmen?
Wüstes, Grässliches geschieht im Land:
Die Propheten weissagen Lüge,
und die Priester richten ihre Lehre nach ihnen aus;
mein Volk aber liebt es so.
Doch was werdet ihr tun,
wenn es damit zu Ende geht?
Jeremia 2,8.9 | 5,23–24.26.28–31

Die Stunde des Jeremia ist heute. Sie ist jetzt. Sie darf nicht vertan werden in satter Behäbigkeit. Mitternacht heißt diese Stunde.

Eugen Drewermann und ich haben uns deswegen zwei Tage zusammengesetzt und ein konzentriertes Gespräch aufgenommen. Bei der Übertragung des Gesprächs in die Textfassung haben wir darauf geachtet, dass der Charakter des Gesprächs erhalten bleibt und kein »fertiger« Text daraus wird. Fertige Texte gibt es genug.

Wir haben offen und ohne Scheuklappen miteinander geredet. Einzig geleitet von der Überzeugung, dass es so, wie es jetzt ist mit der Kirche, nicht bleiben kann und dass die Kirche so nicht bleiben kann.

Wir wollten zu denken und zu handeln geben.

Postscriptum

Eugen Drewermann wird in diesem Jahr 80 Jahre alt. Ein Grund, ihm zu danken. Für seine anhaltende Seelenarbeit in einer immer kälter werdenden politischen, gesellschaftlichen und kirchlichen Welt. In der Silvestershow der ARD 2006/2007 sagte der Kabarettist Hagen Rether unter anderem:

> Moralische Instanzen, das sind Leute ... wie Eugen Drewermann. Der hat alles in die Waagschale geschmissen und richtig einen drübergekriegt und hat alles verloren und steht immer noch. Und aufrecht und im Gegenwind! ... Der hat ein Kreuz, nicht! Was muss der für ein Kreuz haben, der Mann!

Ich bin von Herzen dankbar für das, was ich durch und mit Eugen Drewermann erfahren durfte. Ich empfinde sein Leben, sein Denken und Handeln als ein Geschenk.

Michael Albus

2
Weit entfernt von Jesus

Was wir heute Kirche nennen, ist weit entfernt von dem, was Jesus in der Bergpredigt als Gegenwart des Reiches Gottes den Menschen gebracht hat und bringen wollte. Jesus hat genau das nicht getan, worin die verfasste Kirche heute besteht: Er hat nicht Institutionen gebildet, hierarchische Verhältnisse eingerichtet und eine Verwaltungsorganisation aufgebaut. Wohl stimmt es: Keine größere Menschengruppe kommt ohne solche Gliederungssysteme aus. Jesus hat aber nicht den Deut von all dem getan ...

Wir heute befinden uns 2000 Jahre nach Christus, und es gäbe die Botschaft Jesu wahrscheinlich nicht ohne diese Tragesysteme, die durch die Zeit hindurch konstituiert wurden. In dieser Feststellung liegt eine gewisse Dialektik: Was wir Kirche nennen, bezieht sich zum einen auf Christus und möchte weitersagen, was er getan hat, was er gelehrt hat, wer er war und wer er ist. Schon deshalb ist sie nötig. Auf der anderen Seite ist die Verführung groß, dass die Träger dieser Botschaft selbst sich mit dem Absoluten, das sie vermitteln möchten, identisch setzen. Das geschieht im Katholizismus ganz besonders stark, indem dort freiweg erklärt wird, die Kirche selbst sei der fortlebende Christus.

Eugen Drewermann/Martin Freytag, Das Geheimnis des Jesus von Nazareth, Eugen Drewermann antwortet jungen Menschen, Patmos Verlag 2018, S. 124

3
Alles in der Religion wird falsch verstanden, wenn man es nicht symbolisch nimmt
Jesus in seiner Zeit

MICHAEL ALBUS: Eines Tages in der Geschichte taucht Jesus von Nazareth auf. Er ist kein Phantom. Er ist leibhaftig da. Was konnte er voraussetzen? Woran konnte er anknüpfen?

EUGEN DREWERMANN: Voraussetzen konnte Jesus in seiner Zeit, dass Religion als etwas unmittelbar Notwendiges erschien. Man schaute in die Welt und fragte sich, woher das alles ist: die Sonne, das Meer, die Berge? – Die Antwort lautete: von GOTT.

Man sah die Dimension der Götter oder des Göttlichen als Ursache von allem, was da war. In Wirklichkeit aber fragte man nicht naturwissenschaftlich nach kausalen Zusammenhängen. Man wollte die Existenz des Menschen begründen in einer Welt, die an und für sich nicht zugänglich war, die fremd war, an vielen Stellen unheimlich und bedrohlich. Man suchte nach Halt und nach Trost.

Auf dieser Ebene entwickelte Jesus das Verständnis von Gott zentral weiter. Er wollte nicht naturphilosophisch im Sinn der Griechen oder der heutigen Naturwissenschaften die Welt exakter beschreiben oder erklären. Er wollte die Ungehaltenheit, die radikale Überflüssigkeit, die Kontingenzerfahrung des Menschen mitten in dieser Welt mit der Aussage trösten, dass darin Gott erfahrbar ist, der wie ein Vater für jeden Einzelnen möchte, dass er ist, dass er sein darf.

Das geschah aber im Rahmen der damaligen Auffassung von Gott, von den Göttern jener Zeit.

Von den Göttern jener Zeit hatte man die Vorstellung, dass ein großer zirkulärer, kreisläufiger Zusammenhang besteht. Wie beim Kommen und Gehen der Pflanzen und der Blumen wird auch das Leben des Menschen vergehen. Aber es wird in neuer Form weiter existieren. Tatsächlich gibt es jedoch keinen Zusammenhang zwischen dem, was gerade gestorben ist, und dem, was neu wird. Für uns als Individuen ist das disruptiv: Das eine hat mit dem andern im Grunde gar nichts mehr zu tun.

Die Botschaft des Juden Jesus setzt sich von der Kulttradition, der Priestertradition, von den heidnischen Elementen unbedingt ab. Für ihn ist das Gebot seiner Religion selbstverständlich: »Du sollst keine fremden Götter neben mir haben!« (Exodus 20,2). Der israelitische Glaube vereinheitlichte den Bezug zu Gott. Und gleichzeitig vereinheitlicht sich darin das Verständnis der Person des Menschen. Wenn es viele Götter gibt, gibt es viele Kräfte in der menschlichen Seele, die voller Widersprüche gegeneinander streiten, – wie die olympischen Götter mit ihren aufmarschierenden Massen von Trojanern und Griechen vor Troja. Aus solcher Zerrissenheit erwächst die Sehnsucht nach dem einen Gott, dem zu vertrauen uns selber hilft, das Ich, das sich entwickeln möchte, einheitlich, integral, synthetisch zur Freiheit zu heben.

Dann ist die Frage: Wie benennt sich dieser Gott? Was bedeutet das erste Gebot, dass du den Namen Gottes nicht im Wahnhaften ansiedeln sollst? (Exodus 20,7) – Das ist eine sehr moderne Frage, weil wir unter »Gott« verstehen müssten, was in unserer Seele den zentralpsychischen Energiekern bildet, was uns am Wichtigsten ist. Offenbar haben wir im 20. und 21. Jahrhundert keinen anderen Gott als das Geld. Walter Benjamin (1892–1940) hat 1920 schon gesagt: Der

Glaube unserer Zeit ist der Kapitalismus. Ständig die Kulte in den Warenhäusern, ständig höhere Verschuldung, ständige Wiedergutmachung mit Kriegen und Zerstörung. Eine grauenhafte Form von Religion, die uns ersetzt, was Religion einmal gewesen ist. Das steht im Dekalog: Du sollst Gott nicht aufs Wahnhafte setzen! Zum Beispiel nicht aufs Geld.

Was ist Religion einmal gewesen?

Sie war einmal eine große Symphonie in der Harmonie der Seele im Einklang mit sich selbst und in Resonanz zur Wirklichkeit. Sie war einmal der Versuch, in Symbolen, in Bildern Sinn zu sehen, wo materiell, objektiv kein Sinn greifbar ist.

Man muss sich das vorstellen: Die Menschen werden geboren, und sie fragen sich wozu? Sie erkennen die Kürze ihres Lebens, den Einbruch des Todes, der jedenorts und jederzeit lauern kann. Vor diesem Hintergrund bilden sich Formen der Vorstellung, wie zum Beispiel, dass der Sonnenzyklus im Jahresumlauf eine Antwort sein könnte auch für unser Dasein im Angesicht des Todes. Die Sonne geht unter. Aber sie kommt wieder. Für die Ägypter war die Begleitung des Weges der Sonne durch die Unterwelt identisch damit, zu hoffen, dass wir im Sonnenaufgang wiederkommen, neu geboren werden, Auferstehung erleben. Ebenso beim Mond, einem weiblichen Symbol, das im Kommen und Gehen sich immer wieder erneuert. Diese Bilder sind uralt. Sie stehen am Anfang dessen, was wir in der Tradition überhaupt als Religion bezeichnen können.

Ganz wichtig ist: Man will den Lauf von Sonne und Mond nicht erklären. Man nimmt den Lauf von Sonne und Mond als Bild für die Deutung des menschlichen Daseins. Alles in der Religion wird falsch verstanden, wenn man es nicht symbolisch nimmt, nicht dichterisch liest. Nur dann öffnen sich die dunkeln Wände der irdischen Existenz zum Himmel hin. Das hat die Religion immer getan. Natürlich lebte sie auch auf einem Hintergrund von Angst, von Unwissenheit und magischen Ersatzhandlungen, um Trost zu finden.

Doch ist es ein schwerwiegender Fehler, die Religion darauf reduzieren zu wollen, so als wäre sie eine Art primitiver Naturerklärung, die durch den Fortschritt der Naturwissenschaften obsolet geworden wäre. Sie ist vielmehr ein Versuch, die Infragestellung der menschlichen Existenz, die unendliche Angst, die dazu gehört, dass wir Menschen sind, durch Bilder zu beantworten, die ein Unendliches an Vertrauen begründen sollen.

Freilich war sie dabei auch begleitet von Magie und Aberglaube. Doch all das kann jetzt wegfallen. Und da können wir an der Botschaft Jesu ein Neues wahrnehmen und betrachten: Das Einzige, was bleibt, ist, ganz wörtlich, ein Vertrauen, dass Gott da sein wird, wo immer wir selber sind. Der Name Gottes in Exodus 3,14 lautet: »Ich bin da, als der ich da sein werde«. Es gibt keinen metaphysischen Begriff, keine Erklärung, keine umfassende dogmatische Begrifflichkeit. Es gibt nur dieses Vertrauen, das unbedingt in jedem Augenblick des menschlichen Lebens aktiviert werden kann. – Das ist der Hintergrund, aus dem Jesus lebt und wo er sich als Jude absetzt von der Götterwelt seiner Zeit.

Das Entscheidende ist aber nun, dass das Judentum sich selber versteht als ein Wallfahrtsort, zu dem der Berg Zion die Völker einlädt, sich selber zur Weisheit zu sammeln. Zweites Kapitel beim Propheten Jesaja: »Ihr, Israel, sollt ein Licht sein für die Völker« (Jesaja 2,2–4). Und deshalb singt der greise Simeon, als man Jesus als Kind in den Tempel bringt: »Dieser wird ein Licht sein zur Erleuchtung der Heiden« (Lukas 2,32; vgl. Jesaja 42,6; 49,6). Und am Anfang der gesamten Geschichte Israels steht die Berufung Abrahams, in Genesis 12,3: Er wird ein »Segen sein für die Völker«. Im Grunde möchte Jesus, dass sein Volk, dass Israel im Glauben an den Gott lebt, den man dort Jahwe nennt, der aber heißen kann wie er will, und der besagt: Ich bin bei dir als der, welcher die Angst, die Gewalt, die Unruhe, die Verzweiflung der Menschen, überall auf Erden, besänftigt, heilt, tröstet, auflöst und zum Himmel hebt.

Die Frage stellt sich daher, wie Jesus innerhalb des Judentums eine Reform ansetzt, die diesem Ziele dient. Man hat ihn den »Messias« genannt und gemeint, er sei die Zeitenwende in Person. Wir wissen historisch, dass das von den zeitgenössischen Juden so nicht akzeptiert wurde. Die Christen aber beharren darauf. Und beide könnten sich miteinander verständigen, wenn die Christen zu sagen vermöchten: Jesus ist der Messias! Die Welt hat sich geändert! Und wir, die wir an Jesus als Messias glauben, zeigen, dass sie sich geändert hat und wie sie sich geändert hat. Doch wo und wann vermochten und vermöchten Christen jemals so zu sprechen?

Man hat immer gefragt: Hat Jesus eine Kirche gegründet? Und dann die Antwort gegeben: Das konnte er gar nicht, weil er die Erstreckung der Zeit in der Naherwartung der Wiederkunft Gottes für so kurz hielt, dass gar keine Gründung einer Organisation von Gläubigen nötig war. – Das sind die üblichen Auskünfte der Theologen. Doch indem sie historisch ein äußerliches, objektivierendes Verständnis unterlegen, tun sie so, als hätte sich Jesus im Kern seiner Botschaft geirrt.

Liegt da nicht einer der Grundfehler in der gesamten theologischen Entwicklung, dass man versucht hat, metaphysisch, philosophisch, also theoretisch zu fassen, was theoretisch nicht zu fassen ist?

Ganz genau! – Und damit haben wir auch gleich die Entgegensetzung von Alfred Loisy (1857–1940): »Jesus kündigte das Reich Gottes an, gekommen ist die Kirche«. – Das ist historisch ein vollkommen richtiger Satz, und trotzdem ist er missverständlich. Jesus hat sich nicht in der Zeit geirrt, weil er gar nicht zeitlich dachte. Er wollte, dass unsere Existenz ganz nah bei Gott ist. Er selber fühlte sich Gott so nah, dass in ihm spürbar, lebendig, vermittelbar wurde, was er von Gott zu sagen hatte. Das war nicht sein Irrtum. Das war sein Angebot, seine Wirklichkeit, die Erfahrung, an welcher der Wendepunkt liegen sollte: Die existentielle Nähe, nicht die zeitliche Erstreckung war und ist seine Frage.

Also wollte Jesus keine Kirche gründen!

Klar nicht! – Das wird kaum bedacht in der Diskussion: Jesus musste und konnte keine Kirche gründen, weil ihm das jüdische Volk, in dem er lebte, die Religion, in der er als Kind groß geworden war, die bereits vorhandene Gemeinde bildete. Er wollte keine andere, und er brauchte keine andere. Er wollte das, was er vorfand, so verändern, dass sich unter dem Begriff des »Reiches Gottes« die ganze Welt neu verstehen und lebendig machen ließe.

An dieser Stelle muss noch etwas sehr Wichtiges zur Sprache kommen: In gewissem Sinne ist das Judentum ein ebenso belastetes wie begnadetes Volk insofern, als es in der Völkergeschichte in der Antike niemals das ausgebildet hat, was stereotyp uns überall sonst begegnet. Normal ist, dass ein Volk sich konzentriert im Schatten eines Königs, der im Auftrag Gottes oder als Stellvertreter Gottes auf die Bevölkerung herunterregiert. Das ist auch in Israel immer wieder versucht worden gegen den Protest der Propheten, doch es ist immer wieder von außen her zerstört worden. So wie andere Völker hat Israel sich nie entwickeln können. Und das führt, spätestens nach dem babylonischen Exil, dazu, dass man immer noch hofft, ein zweiter David käme wieder, triebe die Syrer oder Römer aus dem Lande und stellte Macht und Größe wieder her. Tatsächlich aber musste man sich an das Wort Gottes halten, das niedergelegt sein sollte im Gesetz. Es gab keinen

König. Es gab keine Zentralmacht. Das ist ein wichtiger Teil der gesamten jüdischen Religionsentwicklung. Man bildet ein Volk, man hat in gewissem Sinne einen Staat, aber man hat keinen König, man hat gar keine irdische Macht. Schon gar keine, die man an die Stelle Gottes rücken könnte. Entscheidend für den Zusammenhalt des Volkes ist die Unmittelbarkeit zu Gott mit den Worten, die er selber geschenkt hat in der Thora, in den Prophetentexten, in den Geschichtsbüchern. Das ist der Hintergrund, vor dem Jesus selbstverständlich predigt. Und nun sagt er: Dieser Gott, an den wir als Juden glauben, den setzen wir so gegenwärtig, dass das, was da geschrieben wurde, eine Lebensgrundlage bietet. Diesen Kern müssen wir in einer Reihe von Punkten nur konsequent genug durchgehen.

4
Eigentum, Besitz und Geld
Ein Durchlaufposten zum Weitergeben

Ein Beispiel?

Ein gravierendes Problem ist der Umgang mit Geld. An dieser Stelle erscheint uns die israelitische Gesetzgebung heute im Abendland fast singulär. In Wirklichkeit greift sie aber zurück auf sehr alte Vorstellungen. Man hat im Zweistromland schon im dritten Jahrtausend vor Christus gesehen, dass ein staatlicher Zusammenhalt nicht organisierbar ist, wenn die Entwicklung zwischen arm und reich zu sehr divergiert. Und das tut sie durch den Zinssatz auf Leihgeld. Also muss man die Verschuldung stoppen, und man muss die Höhe der Zinsen einschränken. Das hat eine große Tradition und findet sich auch im mosaischen Gesetz wieder (Levitikus 25,35–38.39–55). Dort hat man es konsequent angewendet. Die Exegeten streiten sich natürlich, ob das jemals die soziale Realität war und wann das überhaupt durchgesetzt wurde. Aber tatsächlich steht es da: Sieben Jahre Abhängigkeit in Insolvenz sind genug. Danach ist Freiheit. Ein Recht, das wir heute noch mittelbar irgendwie auch befolgen.

Für Jesus indessen ist prinzipiell deutlich: Man erpresst die Not des Anderen nicht, um damit Gewinn über die Zinsschraube heraus zu quälen. Wer so denkt und handelt, kann dabei reich werden. Aber er verliert seine Seele, er wird menschlich immer ärmer.

Das ist eines der Beispiele, in denen Jesus das Gesetz des Mose bestätigt.

Aber nun geht es ihm nicht um Staatserhalt, nicht um soziale Gesetzgebung, um Motive, die uns heute plausibel vorkommen. Jesus denkt und handelt viel tiefer.

Für alle Theoretiker der Ökonomie oder der Politologie existiert der Begriff »Eigentum«. Cicero (106–43 v. Chr.) hat schon gesagt, der Staat sei nur gegründet worden zur Sicherheit und Sicherung des Eigentums. Das ist für uns ganz plausibel.

Dann konnte Jean Jacques Rousseau (1712–1778) fordern, den Begriff des Eigentums zu ändern: Die Erde gehört keinem, ihre Früchte aber gehören allen. Das gilt als extrem kommunistisch und sozialistisch. Was aber Jesus dachte, ist viel radikaler: Es gibt überhaupt kein Eigentum, kein Recht auf Besitz. Wer sind wir denn? Mag sein, dass wir Geld in der Hosentasche haben und auch belegen können, dass es redlich verdient ist, dass es als Lohn für geleistete Arbeit gezahlt wurde, dass wir die Steuern redlich entrichtet haben, also dass niemand ein Recht hat, uns abzusprechen, dass das Geld, das wir bei uns tragen, auch uns gehört. Und dass es Diebstahl wäre, es uns wegzunehmen. Das Ganze ist in der bürgerlichen Logik unbezweifelbar. Und trotzdem ist es in den Augen Jesu völlig falsch. Denn das, was wir einbringen können, um zu arbeiten, setzt ganz simpel voraus, dass wir eine einigermaßen gute Schulbildung haben, dass wir körperlich einigermaßen gesund sind und uns geistig auf der Höhe der Herausforderungen befinden. Das sind lauter Dinge, die wir gar nicht selber machen können und konnten. Sie wurden uns geschenkt. Und wir haben keinen Grund, uns darauf etwas einzubilden. Der Bettler neben uns am Straßenrand hat Pech gehabt. Er will da nicht sitzen. Er ist nicht schuld daran, dass er dort sitzt. Ihm stehen lediglich die Geschenke, die wir bekommen haben und wie selbstverständlich einstreichen, nicht zur Verfügung auf Grund einer anderen Sozialgeschichte, auf Grund einer anderen Biografie, einer anderen Herkunft. Als

Migrant zum Beispiel. Aus den Augen Jesu ergibt sich, dass das, was wir Eigentum nennen, nichts weiter ist als ein Durchlaufposten, der uns geschenkt wurde zum Weitergeben.

Die Sozialpflichtigkeit des Eigentums.

Ja genau! Und das hat auch eine religiöse Evidenz, die unwiderlegbar ist gegenüber Gott. So etwas meint Jesus, wenn er bittet: Lieber Vater gib uns das Brot von heute für morgen! (Matthäus 6,11). Das ist das Arme-Leute-Gebet, dass sie von heute auf morgen durch die Nacht kommen können, ohne Hunger fürchten zu müssen. Viel mehr ist an Lebenskonzeption in dieser Perspektive gar nicht enthalten. Aber miteinander zu leben in einer Güte, die teilen darf, teilen kann und muss, weil niemand sich selber gehört, und nichts, was er in Händen hat, ihm gehört, das verändert die Welt im Ganzen. Und plötzlich haben wir viele Dinge, die gar nicht mehr gelten: Wir haben nicht mehr das mosaische Gesetz als Verpflichtung. Das wäre rein äußerlich. Es würde nur wirken, wenn man gegen Strafandrohung dagegen handeln würde. Nein, durch den Blick Jesu kann von innen her, zwanglos, die Bereitschaft, die Einsicht aus Dankbarkeit sich ergeben zum gegenseitigen freien Handeln.

5
Von oben nach unten zu herrschen ist beschämend
Abschaffung des gängigen Machtbegriffs

Genauso ist es mit der Abschaffung des damals gängigen Machtbegriffs. Das war ein Fortschritt von geschichtlicher Größe.

Wir sind heute immer noch der Auffassung, dass eine Großmacht sich definiert durch die Kapazität ihrer Zerstörungswaffen. Ohne eine Atommacht zu sein, kann man keine Großmacht sein. Solange man 700 Milliarden Dollar für die Rüstung ausgibt, wie die USA, ist man Gottes eigenes Land und begabt und berufen dazu, die Welt zu beherrschen. Das ist groß in unseren Augen und verehrungswürdig. Und was von dort gefordert wird, das muss man befolgen.

Das ist aus der Sicht Jesu auf die Welt genau das Gegenteil.

Es ist absolut konträr für Jesus und beschämend, so zu herrschen, von oben nach unten.

Es ist gibt eine wichtige Szene in diesem Zusammenhang im Neuen Testament bei Lukas und Matthäus jeweils im vierten Kapitel (Matthäus 4,8–10; Lukas 4,5–8): Da wird eine Versuchung an ihn herangetragen, indem ihn der Teufel auffordert, den Machtanspruch über alle Welt zu erwerben. Das Weltregime sollte in die Hände des Besten gelegt werden. Damit wäre das Problem der Welt gelöst. Und Jesus konnte eine solche Chance laut dieser Geschichte offensichtlich ergreifen.

Das Problem dabei ist, dass Weltherrschaft zu begehren identisch ist damit, niederzufallen und den Teufel anzubeten.

Der Grund: Wie kommt man an diese Macht, die auf den Thronen sitzt? – Man hat ein stehendes Heer und kämpfende Truppen, einen hohen Militärhaushalt, Steuerzwang und -eintreibung, Machtausdehnung an den Grenzen und Herrschaft über Kolonialgebiete. Man terrorisiert die Menschen mit einer Rechthaberei, die sich im Zentralismus immer weiter verdichtet. Man muss das Volk belügen, indem man mit Geheimpolitik alle möglichen Geschäfte betreibt, die nicht öffentlich werden dürfen. Damit ist der ganz normale Zustand von vor 2000 Jahren bis heute beschrieben.

Und Jesus sagt dazu: So will ich es nicht, weil es gottlos ist.

6
In Deine Hände gebe ich mich selber
Das Vertrauen Jesu in Gott

Eigentlich müsste Jesus, wenn er heute unter uns lebte und sähe, was wir aus seiner Botschaft gemacht haben, glatt verzweifeln an denen, denen er seine Botschaft gebracht hat, an dem, was wir aus ihr gemacht haben.

Ja, auch verzweifeln an dem, was man aus ihm gemacht hat.

Eine zweite Frage, die ich ins Gespräch einbringen möchte und die tiefer geht: Ich begegne immer mehr vor allem jungen und jüngeren Menschen, die ganz fundamental fragen, woher denn dieser Jeus mit seiner Botschaft wirklich komme? Woher er denn sozusagen seine Legitimation habe?

Man kann nicht anders sagen als: Er kommt von Gott. Das ist nicht mythisch ausgedrückt, sondern existentiell.

Wenn Jesus heute unter uns lebte und auf die menschliche Geschichte schauen würde, er wäre verzweifelt. Und er könnte nicht glauben, dass die Wende, die er wollte, darin unterzubringen wäre. Im Gegenteil: Er hat schon »in jener Zeit« von einem bestimmten Zeitpunkt an kommen sehen, dass man ihn dafür mit dem Tode bestrafen und ins Grab bringen würde. – Man muss sich die Szene im 23. Kapitel des Lukasevangeliums nur vorstellen, als die Schriftgelehrten unterm Kreuz stehen und in ihren Texten lesen: »Verflucht ist, was am Holze hängt« (Galater 3,13; vgl. Deuteronomium 27,26). – Sie haben alles richtig gemacht, indem sie ihn des Gottesverrats, des Satanskultes, der falschen Prophetie, des gegen Mose gerichteten Anarchismus angeklagt haben. Sie haben alles richtig gemacht, und deswegen sind auch die Soldaten da, die im Namen des Staates ihr Tötungsgeschäft vollzogen haben. Sie haben es besorgt. Befehl ist Befehl! – Und dann gab es die Hohenpriester, die wussten, dass dieser Mann den Römern gefährlich werden konnte. Man musste ihn abschaffen. Außerdem hat er die Priester angegriffen als überflüssig und hinderlich mit ihren Opfern. Damit drohte der ganze Geldstrom nach Jerusalem zum Tempel zusammenzubrechen, der Zentralbank des Judentums zu jener Zeit. Die sadduzäischen Priester im Tempel hatten allen Grund, Jesus zu beseitigen. Auch sie waren hoch zufrieden mit dem Karfreitag. Es gab nur eine kleine Gruppe von Frauen, die nicht gefährlich waren, weil sie eben Frauen waren, die man nicht eigens arretieren musste, die nur weinten und klagten.

Im Gegensatz dazu stehen die letzten Worte Jesu: »In Deine Hände gebe ich mich selber, meinen Geist« (Lukas 23,46; vgl. Psalm 31,6). Dieser Satz lautet nur bei Lukas so. Er wehrt sich gegen das, was am Karfreitag oft gepredigt wird: »Mein Gott, warum hast du mich verlassen?« (Markus 15,34). Die das predigen, lesen den Psalm (Psalm 22,2) nicht bis zum Ende. Der spricht nämlich am Ende von der Ankunft des Gottesreiches. Jesus kann so gebetet haben. Aber Lukas macht das eindeutig im Munde Jesu: »Was aus meiner Botschaft wird, das weißt nur DU allein. Und dahin gebe ich es jetzt. Was aus dem wird, was ich versucht habe in Deinem Namen, das steht einzig bei Dir.« Das ist ein Trost nach der Kürze des Lebens Jesu für jeden, der sich fragt, was es denn nun war. Er wird es selber kaum beantworten können. Aber das, was er versucht hat, kann er Gott nur zurückgeben im Vertrauen, um von dort die Weiterentwicklung und Vollendung zu erfahren. – Doch entscheidend jetzt: Jesus denkt nicht von den Strukturen der menschlichen Geschichte, nicht von den Strukturen der Politik und der Finanzwirtschaft her. Das ist alles für ihn völlig gleichgültig. Seine einzige Frage ist: Wie bringt man Gott den Menschen nahe?

Unter dieser Fragestellung ergeben sich zwei ganz zentrale Punkte für die Befreiung, für die Erlösung des Menschen: Der Umgang mit Geld wird ein anderer, und der Umgang mit Macht wird ein anderer.

Im 22. Kapitel des Lukasevangeliums etwa, in Lukas 22,24–26, streiten sich die Jünger im Abendmahlsaal, wer denn nun der Größte unter ihnen sei, als hätten sie von Jesus noch nie etwas gehört. Und die Antwort Jesu ist ähnlich wie im Markusevangelium: »Die auf den Thronen sitzen, willküren herunter auf die Völker und nennen sich dafür noch Wohltäter. Unter euch nicht so!« (Markus 10,42–43). – Fragt ihr, wer groß ist, dann schaut auf denjenigen, der ganz klein ist und am Boden liegt. Wie ihr dem helft, das ist das einzig Wichtige, was es auf Erden gibt. – So im Umgang mit Macht, so im Umgang mit Geld, so im Umgang mit Schuld, wobei ein Zusammenhang besteht zwischen Schuld, Opfer und der Entstehung des Geldes.

In jeder Religion gibt es eine bestimmte Instanz, die die Verschuldung im Gewissen der Menschen durch Sühneleistungen und Opferpraktiken abarbeiten möchte. Ein Grundproblem der menschlichen Existenz ist es, dass wir nicht imstande sind, unser Dasein für selbstverständlich zu nehmen. Es gibt uns, doch es gibt keinen hinreichenden Grund dafür, dass wir sind. Das ist das, was wir vorhin kurz mit »Kontingenz« beschrieben haben. Es ist nicht gerechtfertigt, dass wir leben. Daraus kann der Druck entstehen, dass wir etwas tun müssten, um über einen gewissen Nutzen, über ein gewinnbringendes Engagement, durch Hilfeleistung für andere irgendeine positive, bejahende Auskunft auf diese Frage erteilen zu können: dass wir nicht nur sind, sondern dass es in gewissem Sinne sogar uns geben soll.

Wir können diesen ontologischen Ansatz psychologisch vertiefen, dann wird es einsichtig. – Wir stellen uns ein Kind vor, das in einer zerrissenen Familie groß wird. Bei einem Vater, der arbeitslos geworden ist und zum Alkohol neigt. Bei einer Mutter, die depressiv und suizidal gefährdet ist. Ein Kind, das auf der Straße mehr zu Hause ist als bei den Eltern. Ein Kind, das spürt, wenn es bei den Eltern ist, dass es ihnen eine Last wird.

Es bräuchte Zeit. Es bräuchte Geduld. Aber das haben die nervös gewordenen Eltern nicht. Es bräuchte Nahrung. Es bräuchte Kleidung. Bei einem sehr schmalen Haushalt ist das kaum möglich. Es möchte Wünsche äußern, zum Beispiel, wenn es Geburtstag hat oder wenn es Weihnachten ist. Dann wird der Vater, weil er weiß, dass die Wünsche berechtigt sind und er sie gerne erfüllen würde, das Kind geradezu anbrüllen, ob es nicht begriffen hat, dass hierher kein Christkind kommt, weil kein Geld da ist. Kapierst du das denn nicht?! – Ein solches Kind wird schließlich nicht mehr seine Wünsche äußern, sondern sich fragen, wie es den verzweifelten Eltern helfen könnte. Ein solches Kind muss sein Elternhaus erst einmal zimmern, bevor es eines bekommt. Es muss den Vater erst einmal dahin bringen, väterlich zu werden und die Mutter mütterlich. Es muss und wird sich einfühlen in die Wünsche der anderen, weil es solche selbst nicht haben darf. So wird das ganze Leben eine einzige Opferhandlung.

Und eben dieses Gefühl, schuldig zu sein für das eigene Dasein, kann man kultisch erleichtern, indem man Priester hat, die den Schuldanteil in der eigenen Seele delegieren. Dann tötet man ein Schaf oder dreht Tauben die Köpfe um. Man bringt Lebendiges dar in der Hoffnung, dass dann Versöhnung werde. Das sind religionsgeschichtlich die Bilder, wie man Menschen zwingt, mit sich in ihren Schuldgefühlen umzugehen. Sie schaffen sich eigentlich in ihren Opfern selber ab. Immer in der Hoffnung oder in dem Wahn, Erhörung zu finden bei einem immer zwiespältigen, letztlich sadistisch grausamen Gott, der erst dann sich zur Güte bequemt, wenn bestimmte Vorleistungen erbracht wurden.

Eine solche Form der Schuldverarbeitung ist das Übliche. In allen Religionen finden wir Priester und Opferpraktiken. Und meist Zentralheiligtümer mit Tempeln. Sie werden zu den ersten Banken. In ihnen sammeln sich die Opfergaben zur Abtragung von Schuld, und so entsteht das Geld als eine Form weiterzureichender Schuldtitel; und der Zinsaufschlag gehört mit dazu, er ist die Verwaltungsgebühr für die Dienstleistung der Priester, das Opfergeld, den Kredit, zum Schuldennachlass, richtig zu verwenden. All das ist säkular im Bankenwesen noch heute so.

Für Jesus aber ist das ein Verrat an Gott.

Es ist nicht nur nicht nötig, es ist das Gegenteil eines wahren Gottesdienstes. Die Priester werden die Angst vor Gott immer weiter brauchen, damit sie sich selber als Berufsgruppe rechtfertigen. Die Menschen erfahren niemals die Rechtfertigung, die sie im Opfer suchen. Alles dreht sich ständig im Kreis.

Das Einzige, was man braucht, ist Vertrauen. Und das ist der Kern im Vaterunser: »Lieber Vater, alles musst Du uns vergeben, weil wir sonst nicht leben können. Und wir versprechen, dass wir auch allen anderen Menschen genauso vergeben« (Matthäus 6,12). Dazu sind keine Priester nötig. Unmöglich, dass Jesus erst erwartet, dass man zum Tempel geht und Schafe schlachten lässt, denn erst dann, wenn der Rauch des Opfers zum Himmel steigt, wie bei Noah und der Sintflut (Genesis 8,20–21), bequeme sich Gott und sage: Jetzt ist es gut! Es wird auf diese Weise nichts gut. Für denjenigen, der das Schaf und den Priesterdienst bezahlt hat, damit die richtigen Riten zur richtigen Zeit mit den richtigen Formeln angewandt werden, ist absolut nichts anders geworden. Man hat lediglich die Schuldgefühle praktisch und magisch verschoben in ein Ersatzopfer.

Wenn Jesus zu dem, den er Gott nennt, eine Beziehung gehabt hat, dann frage ich mich manchmal aber auch, warum er diesen Gott nicht anklagt, der eine solche Welt geschaffen hat? Das wird für mich immer mehr zu einer entscheidenden Frage. – Da gibt es diejenigen, die Jesus nachfolgen, die gibt's ja wahrlich auch in der Geschichte, und da sind die anderen, meist in der Mehrzahl, die machen einfach so weiter wie immer und schaffen eine solche Welt – heute noch mit grausameren Grausamkeiten als früher –, in der es so aussieht, als ob Jesus nie dagewesen wäre.

Genau!

Für mich stellt sich da ganz unverblümt die Gottesfrage.

Natürlich! – Ihre Frage ist überaus berechtigt, ja geradezu notwendig an dieser Stelle. Sie zeigt uns aber, dass wir sie nicht mit Jesus beantworten können, sondern nur im Sinne Jesu. Es war nie das Problem Jesu, warum Gott dies oder das gemacht hat, als er die Welt erschuf. Wir haben ja eingangs schon gesagt: Das ist die heidnische Vorstellung, – Gott steht im Hintergrund als kausaler Ursprung der Realität. So ist Religion im Kern aber gerade nicht! Im Kern ist sie die Begründung unserer Existenz in einem Feld von Angst, inmitten einer ansonsten kaum begreifbaren Welt.

Denken wir uns Gott weg, wie uns heute in den Naturwissenschaften beigebracht wird, sehen wir nur die Natur, dann haben wir vor uns eine Evolution, die uns großartig vorkommt und zugleich schrecklich und grausam. Sie meint uns nicht. Sie hat keinerlei Absichten. Sie hat keine Vorstellung von einem Plan. Gut und Böse sind ihr vollkommen egal. Das sind keine verwendbaren Begriffe, um den Prozess der Natur zu deuten. Das alles liegt nur in uns Menschen.

Die Frage der Religion ist demgegenüber nicht eigentlich, wie wir die Evolution besser als die Naturwissenschaftler erklären können, sondern wie wir dieses »verfluchte Dasein«, wie Arthur Schopenhauer (1788–1860) gesagt hätte, als ein Geschenk begreifen. Wie können wir uns selber als Menschen durchhalten gegenüber einer objektiv und offensichtlich unmenschlichen Wirklichkeit? Das ist die Frage Jesu. Wir kopieren nicht die Welt, wie sie ist, sondern wir gehen auf das zu, was Gott mit uns als Menschen meint. Das ist die entscheidende Frage.

Dann leiden wir an der Wirklichkeit, wie sie ist. Aber wir verzweifeln gerade nicht an Gott, sondern nehmen ihn als Bestätigung für das Gefühl, dass da etwas nicht stimmt und dass wir dem unvermeidbaren wie vermeidbaren Leid hilfreich begegnen, was sonst nicht der Fall wäre, wenn wir nur uns selber verstehen gemäß den Selektionsstrategien der Genesis, die Hilfeleistung allenfalls im Rahmen des Egoismus der Genweitergabe bevorzugen.

7
Die ganze Botschaft Jesu kann man nur verstehen als konsequente Umkehrung der Welt

Ich bleibe bei meiner Frage. Sie wird hartnäckiger, je älter ich werde und je mehr ich wahrnehme, was in dieser Welt geschieht und was ich auch selber anrichte: Wieso gibt es eine solch grausame Welt? Und warum soll diese Welt von Gott sein?

Es ist genau die Frage: Wie kommt man überhaupt dahin, diese Welt als »Schöpfung« zu begreifen?

Genau das ist meine immer drängender werdende Frage!

Das ergibt sich nicht durch den Blick in die Natur, also durch die Verlängerung der Frage nach den kausalen Zusammenhängen. Immanuel Kant (1724–1804) hat das schon vor 230 Jahren in der »Kritik der reinen Vernunft« geschrieben: Erkenntnistheoretisch herrscht da eine Dialektik, die nicht mehr auflösbar ist. Man kann erklären, dass nur Gott absolut ist, man kann aber auch erklären, dass das ganze Weltall mit Gott identisch ist. Was wir als letzten Ursprung ansehen, muss ja etwas sein, das seinen letzten Ursprung in sich selber hat. Womit wir das identifizieren sollen, ist allerdings fraglich. Schon David Hume (1711–1776), der Kant aus dem dogmatischen Schlummer gerissen hat, wie er meinte, konnte sagen: Es ist schon in sich unmöglich, dass wir aus einer endlichen und unvollkommenen Tatsache auf eine unendliche und vollkommene Ursache schließen. Dem ist zuzustimmen. Es ist nicht möglich, von der Welt her zu Gott zu kommen. Man muss sich nur das Drama in der Natur ansehen, mit welcher Grausamkeit sich das Leben durch den Tod anderen Lebens aufbaut. Charles Darwin (1809–1882) schreibt ja selber am Ende seiner »Entwicklung der Arten durch natürliche Zuchtwahl«, dass wir diesem entsetzlichen Spektakel auch das verdanken, was wir Schönheit nennen, was wir Eleganz nennen, was wir am Ende Menschsein nennen.

Und damit sind wir bei dem Punkt: Das können wir eben nicht Menschsein nennen. In Verlängerung dessen, was wir in der Natur vorfinden, ist der Mensch nicht zu interpretieren. In der Sprache der Bibel ist die ganze Aufgabe daran gebunden, den »alten Menschen« (Römer 6,6), umzuwenden in den »neuen Menschen« (Kolosser 3,10) und einen völlig neuen Ansatzpunkt zu schaffen. Dann erst kann man auf die Idee kommen, dass diese Welt eine »Schöpfung« sei oder ist.

Interessanterweise fängt ja das Johannesevangelium gerade deshalb nicht so an wie die Genesis: »Im Anfang schuf Gott Himmel und Erde« (Genesis 1,1). Das klingt ganz kausal. In Wahrheit soll das aber nur heißen: Alles, was ist, geht jederzeit aus der Hand Gottes hervor. Aber selbst das ist mehrdeutig. Das Johannesevangelium sagt »Im Anfang«, das heißt: wesentlich und begründend für euer Leben, ist, dass Gott mit euch redet. Er ist Wort. Und das könnt ihr vernehmen in Jesus Christus (Johannes 1,1–5). Und dann sagen die Jünger: Dann zeig uns doch Gott! Als Vater! Und Jesus sagt: »Wer mich sieht, der sieht den Vater« (Johannes 14,8–9). Im Raume einer menschlichen Güte, die sich so durchhält, dass sie glaubhaft ist, öffnet sich die Welt, und man sieht den Hintergrund der Welt als gütig und dann überhaupt erst als eine Schöpfung, die man als Geschenk akzeptieren könnte.

Das ist der ganz umgekehrte Weg, als wie ihn die klassische Theologie beschreibt: Da ist die Welt; daraus erwächst dann die Frage nach der Ursache, metaphysisch; dann beweisen wir das Dasein Gottes, und dann kommen wir langsam zur Erlösungslehre. Es ist aber genau umgekehrt. Alles beginnt mit der Frage des Menschen, mit seiner Verfallenheit und richtet sich auf zu Gott, der erst so als Ursprung von allem entdeckt wird.

Dafür steht Jesus. An diesem Wendepunkt. Das hat er so gewollt.

Noch einmal: Wie kann ich mir und anderen Menschen verständlich machen, warum die Welt so grausam und so brutal – ja, und manchmal auch so schön – ist, wie sie ist? – Und dann: Warum muss ich überhaupt geboren werden, um zu sterben? Das ist keine Frage von alten Frauen und Männern. Sie taucht existentiell in vielen Einzelfragen und einzelnen Erfahrungen auch junger Menschen heute wieder ganz massiv, manchmal auch verborgen, auf. – Warum bin ich überhaupt da? Und vor allem, so (!) da?

Das ist jetzt sehr wichtig. Es ist eine existentielle Frage. Und wir können sie nur von der Existenz des Menschen her beantworten.

Naturwissenschaftlich haben wir für alles, wonach Sie fragen, fertige Antworten. Die Grausamkeit der Natur erklärt sich durch den Energiemangel. Der Kampf ums Dasein dient als Motor zur Höherentwicklung. Geburt und Tod ergeben sich aus der Vielzelligkeit. Wie Ludwig von Bertallanffy (1901–1972) um 1955 sagte: Mit der Mehrzelligkeit kam der Tod. Mit dem Nervensystem kam der Schmerz. Und mit dem Bewusstsein kam die Angst. Sie ergibt sich folgerichtig als Preis oder Bedingung der Höherentwicklung.

Als biologisches Geschehen also auch.

Absolut! – Entscheidend ist: Sie fragen danach als Problem, weil Sie mit den bloß biologischen Antworten nicht einverstanden sind, weil Sie mit ihnen nicht einverstanden sein können. Das zeichnet uns aus als Menschen. Die Welt ist, wie sie ist. Die Frage aber ist, was wir in ihr und mit ihr machen?

Wir sind keine Raubaffenspezies mit besonderer Intelligenz. Wir sind nicht, wie Johann Wolfgang von Goethe (1749–1832) es im »Faust« schreibt, im Besitz einer Vernunft, die wir nur dazu gebrauchen, »um tierischer als jedes Tier zu sein«. Wir sollen Menschen werden. Doch dazu brauchen wir einen Hintergrund, der vor allem das Angstproblem löst.

In der Natur ist Angst ein überlebenswichtiges Signal, ein Warnsignal. Und es eifert uns immer wieder an, gegen drohende Gefahren mit Aggression anzugehen. Wir schalten sie aus. Das machen wir so bis zum Atomzeitalter: Wir halluzinieren einen potentiellen Gegner, und wir müssen im zeitlichen Vorlauf stärker sein als er. Die Bomben, die er hat, müssen wir auch haben, nein, wir müssen noch bessere und schnellere haben, noch zielgenauere zur Vernichtung besitzen als er.

Eine satanische Welt!

Ja, das meint Goethe: »Er nennt's Vernunft und braucht's allein, um tierischer als jedes Tier zu sein.«

Die ganze Botschaft Jesu kann man nur verstehen als Änderung dieser satanischen Welt. Als Erfahrung, dass das alles nicht nötig ist.

Warum hatten und haben wir denn Angst? – Wir sind endlich und sterblich, ja. Und was wäre denn so schlimm daran, wenn wir aus den Händen Gottes kämen und in die Hände Gottes zurückgingen? Wenn wir anstatt der Daseinsangst der Kreatur ein Vertrauen aufbrächten, das wir als Menschen zu Gebote haben, indem wir uns nicht aus der Evolution erklären, sondern einfach von Gott her verstehen? Wirklich als Schöpfung! – Nur dann können wir auf den Gedanken kommen, dass wir als Individuen gemeint sind. Die Natur kann uns das nicht sagen.

Wer meint uns so?

Als erste die Mutter, die uns geboren hat. – Doch ehe sie das tut, existiert archetypisch bereits das Bild einer väterlichen oder mütterlichen Macht, eines Wohlwollens, einer unbedingten Liebe, die möchte, dass wir sind. Das ist das ganze Vertrauen, das wir als Kinder mit auf die Welt bringen. Und dazu gehört, wovon wir andeutungsweise bereits sprachen, essentiell die Hoffnung, dass dieses Leben nicht in den schattenverwirrten paar Jahrzehnten unseres irdischen Daseins endet, sondern im Tode sich öffnet zu einer Wirklichkeit, die überhaupt erst richtig beginnt und uns – rückblickend darauf schauend – verdeutlicht, wozu wir da waren, was wir daraus gemacht haben, wie es weitergehen könnte und wie wir jetzt im Sinne Jesu zueinander wirkliche Menschen werden, jenseits von Gewinnstreben, jenseits von Machtausübung, jenseits von wechselseitiger Demütigung und Bedrohung. Das alles, was uns scheinbar so normal vorkommt, muss nicht sein, darf nicht sein, weil wir als Menschen völlig anders fühlen.

Für Jesus war das evident. Und jeder, der ihn versteht, wird bis heute begreifen: Genau so müsste es sein! Als kategorischer Imperativ! Freilich nicht als moralischer Befehl, sondern als existentielle Grundlage, als Bedingung der Möglichkeit unserer Menschlichkeit.

Vorhin kamen wir auf das Johannesevangelium zu sprechen. Da haben wir einen Halbsatz nicht genannt, der dort auch steht: »Aber die Finsternis hat es nicht erfasst« (Johannes 1,5).

Genau! – »Er kam als Licht in die Finsternis. Aber die Finsternis hat es nicht begriffen.« Das stimmt! Aber darin liegt ja die

Aufforderung zu sehen, wo das Licht ist! – Wir sind in einer Situation wie in Platons Höhlengleichnis: Uns tun die Augen weh, wenn wir dem Licht begegnen. Aber wir müssen nicht als Fledermäuse durch die Nacht huschen. Wir könnten merken, wovon wir wirklich leben.

Fledermäuse haben ein perfektes Orientierungssystem.

Absolut! Aber sie haben gelernt, aus lauter Angst in die Nacht und in die die Höhle zu flüchten, um zu überleben. Wir hingegen könnten aufrecht gehen durch diese Welt. Wir sind dem Tageslicht zugewandt. Wir sehen den Regenbogen mit seinen Farben, den Sonnenaufgang als Anfang einer ganzen Welt. So sind wir als Menschen. Und wir finden darin allemal Bilder für das Göttliche.

Dann wäre auch Jesus selbst ein Symbol dafür, dass die Menschen aus der grausamen Lebenswelt herauskommen wollen?

Unbedingt! – Jesus hat dafür aufs Grausamste gelitten, weil er diese Welt beenden wollte, die sich nur mit Grausamkeit erhält. Die wollte er durchbrechen.

8
Jesus wollte und ermöglichte eine andere Einstellung zu uns selber
Die fragwürdige Normalität des Strafrechts

Wir können das noch an einem anderen wichtigen Punkt verdeutlichen: an der Normalität des Strafrechts. An dieser Stelle wird für Jesus eine ganz entscheidende Diskussion auf Leben und Tod notwendig. Denn in den Gesetzen des Mose steht wie in allen Gesetzen der Völker ein kodifiziertes System von Lohn und Strafe, nach Verdienst und Verbrechen. Das ist so selbstverständlich auch in unserem bürgerlichen Leben, dass uns gar nicht in den Sinn kommen könnte, dass daran etwas auszusetzen wäre. Es handelt sich im Grunde um eine Absolutsetzung von Ethik und Gesetz. Der Mensch braucht dafür keinen Gott mehr. Er hat ihn ersetzt durch Moral und Ordnung. Durch Justiz. Und genau diese unbarmherzige Ordnung haben wir jetzt: Eine Ordnung ohne Gott – im Sinne einer Ordnung ohne Güte. Eine Paragraphenordnung strengster Gerechtigkeit, die Menschen in ihrer Not an jeder Stelle Unrecht tut. Eine Ordnung, die nur zu halten ist von denjenigen, die das können, weil sie unter den entsprechenden bürgerlichen Voraussetzungen existieren. Und diese besitzen vermeintlich einen Anspruch, einen Rechtstitel, ihr Leben ungestört zu führen und alle diejenigen auszumerzen, die ihnen als Bedrohung erscheinen könnten. – Das ist heute das Normale. Sie leben in São Paulo, in Rio und besitzen, angesichts der Favelas, Häuser, die bewacht sind von bewaffneten Männern, abgesichert mit Elektrozäunen. Und sie haben doch recht! Sie müssen sich schützen vor den Habenichtsen, die ihren Besitz bedrohen. Das geht alles in Ordnung.

Das erinnert mich jetzt fast überfallartig an eine kleine Geschichte des Franz von Assisi. – Er wurde einmal gefragt, warum er seinen Brüdern Besitzlosigkeit geboten habe? – Seine Antwort: »Wenn wir Besitz hätten, bräuchten wir Waffen, um ihn zu verteidigen.«

So ist es! – Sobald wir Besitz haben, brauchen wir zum Schutz des Besitzes Militär. – Und umgekehrt wird von Franziskus erzählt, dass er einmal einen Ritter mit vorgehaltenem Speer durch den Wald reiten sah und ihn erstaunt gefragt hat: »Wovor hast du solche Angst?« –

Es ist die Welt der Kinder, in die Jesus uns zurückführen möchte. Sie haben keine Angst unter den Augen eines Vaters, der gütig ist und sie meint. Sie stellen stattdessen Fragen, die für die Leute in Angst gar nicht zu stellen sind. Für die letzteren ist diese grausige Welt selbstverständlich. Sie war immer so für sie. Es ist unmöglich, dass sie anders werden könnte. In ihren Augen ist Jesus ein Träumer und ein Irrealist, ein unverantwortlicher Phantast. Nur: menschlich ist es einsichtig, dass es anders werden muss. Und Jesus zeigt, dass es geht. Selbst mit dem Strafrecht.

Jesus stellt diese Frage auf Sein oder Nichtsein: Wovon leben die Menschen? Von Güte oder Gesetzlichkeit? Das ist eine absolute Konfrontation.

9
Woher die Angst?

Da gerät aber doch unser ganzes in Jahrtausenden gewachsenes Sicherheitssystem ins Wanken, wird kraft- und machtlos. Das wäre, besser: das ist eine Revolution.

Ich möchte an dieser Stelle noch ein wenig verweilen. Im Blick auf die Angst, die dieses System auszeichnet. – Die Welt ist in Angst. Die Menschen leben in Ängsten. Und ich frage: Woher kommt die Angst? Wer kann sich so eine Welt ausgedacht haben? Ich weiß, dass das eine sehr alte und für manche schon überflüssige Frage ist. Und dennoch stelle ich sie. Woher die Angst?

Mit dem Bewusstsein kommt die Angst: Sie ist das Warnsignal vor Gefahrenmomenten, bei den Tieren lange vorbereitet im Erbe von mindestens 200 Millionen Jahren der Säugetierevolution. Nur ist da ein Unterschied: die Tiere reagieren auf die momentane Gefahr, augenblicklich. Die Natur hat kein Interesse daran, ihre Wesen in Panik zu halten. Das wäre energetisch viel zu aufwändig. Da ist eine Gefahr – man reagiert blitzartig darauf. Und hat man sie überstanden, beruhigt sich alles wieder, wie wenn nie etwas gewesen wäre. Nur die Erinnerung bleibt.

Wir Menschen haben Bewusstsein, und wir haben Selbstbewusstsein. Das heißt, wir fühlen uns an jeder Stelle viel mehr in Frage gestellt, als es ein Tier je könnte. Und anders als die Tiere können wir die Zukunft in gewissem Sinne planen und in ihren Möglichkeiten antizipieren. Die Substanz der menschlichen Angst ist nicht die Gegenwart einer realen Gefahr, sondern die Möglichkeit von Gefahren, die jederzeit und überall eintreten können. Also wächst unser Schutzbedürfnis ins Unendliche, weil unser Verstand ins Unendliche geht.

Dann stellen wir fest, dass die ererbten Programme, die in uns liegen, sich selber verunendlichen und in den Wahnsinn führen. Da ist die Angst vor einem Beutegreifer. Sie ist situativ in der Natur noch einigermaßen vernünftig geregelt. Angst hilft der Maus nicht, wenn die Katze über sie herfällt. Aber im Ganzen hilft sie den Mäusen, schnell genug wegzuhuschen. Für das Individuum hat die Evolution kein Interesse, doch für den Arterhalt ist die Angst nützlich. Es wird nie weniger Mäuse geben dürfen, als die Katzen brauchen, und es darf nie mehr Katzen geben, als Mäuse überleben können. Das alles ist schön mathematisch darstellbar und hat eine immanente Logik.

Für uns Menschen sieht das alles völlig anders aus. Wir sehen überall den Beutegreifer. In unserer Politik haben wir permanent die Angst, einem Gegner, einem Todfeind, entgegentreten zu müssen, der stärker ist, als wir es sind. Wir müssen also entsprechend vorsorgen. Das nennt man heute Wettrüsten und Sicherheitspolitik. Es ist der absolute Wahnsinn: Wir haben Atomwaffen genug, die Menschheit beliebig häufig auszurotten. Jede Sicherheitspolitik dieser Art besteht heutigentags in der potentiellen Abschaffung des Menschseins. Wer glaubt, er könne den Frieden erhalten, indem der nächste Atomkrieg bis zu 150 Millionen Tote im ersten Szenario produzieren wird, mit der Hoffnung, dass es dann keinen atomaren Gegenschlag geben wird, sondern der Angreifer die Erstschlagkapazität behalten und damit überleben wird, der bewegt sich in einer Welt, die wir außerhalb der Politik für absolut paranoid und psychiatriereif halten würden.

Das erinnert mich an Ihre Reden gegen den Krieg. Hat sich etwas geändert?

Nein, hat es nicht! Wir begreifen jetzt aber, warum die Überwindung der Angst die zentrale Aufgabe Jesu ist.

In der Bergpredigt steht beides wunderbar nebeneinander formuliert: »Ich nenne glücklich die Menschen, die in dieser Welt es wagen, wehrlos zu bleiben« (Matthäus 5,5). – Der Frieden kommt durch Abrüstung. Nicht durch Aufrüstung. Nicht durch überlegene Stärke. Sonst dreht sich die Blutmühle immer wieder in neuen Spiralumdrehungen. Das ist dann auch die Botschaft Jesu beim Einzug in Jerusalem. Frei zitiert nach dem Propheten Sacharja (9,9–10): Käme jemand wirklich von Gott, er würde einreiten wehrlos auf einem Esel, nicht auf einem Schlachtross, und seine erste Maßnahme wäre Abrüstung: die Bogen verbrennen, die Kriegswagen zerschmettern. Nach dem ersten Schock würden die Gegner auch so handeln und nicht mehr aufrüsten. Wir hätten jetzt keinen Sieg-Frieden, wie es sonst in der Bibel steht. Die Wahrheit ist: Frieden kommt nicht durch Sieg. Er kommt durch Abrüstung. Durch Gewaltfreiheit.

Der andere Satz aus der Bergpredigt ist ebenfalls zentral: Wenn eure Vorstellung von Gerechtigkeit sich nicht diametral von der Vorstellung der Thorajuristen unterscheidet, könnt ihr Gott nicht verstehen – kommt ihr nicht ins Himmelreich (Matthäus 5,20). Die Frage Jesu ist nicht, wie man nach Paragraphengerechtigkeit über einen anderen Menschen urteilt, sondern wie man seine Not erkennt und versucht, ihr gerecht zu werden. Das ist die Umkehrung des gesamten Gerechtigkeitsbegriffs. Für Jesus ist das so selbstverständlich, dass man sich unmittelbar an die paar Menschen in der Kirchengeschichte erinnert fühlt, die das versuchten nachzugestalten: Franziskus von Assisi zum Beispiel. Er zeigt: Es ist keine Utopie! – Wir müssen zum Verständnis die Sache nur umdrehen. Jeder, der am Boden liegt, weiß, dass das, was Jesus sagt, die einzige Botschaft ist, die ihn retten kann. Jeder aber, der hoch zu Ross sitzt, weiß, dass ihn das bedrohen muss, weil es ihm die Macht wegnimmt, sie überflüssig macht. Weil sie ihn selber beinahe anklagt, dafür, dass er sich für die wirklichen Probleme nicht wirklich interessiert hat, aus Angst vielleicht, oder dass er wie ein Dauernarzisst ist, der sich nur um sich selber dreht.

Dann, die Frage möchte ich einfach mal einschieben, war Jesus, ist Jesus und wird Jesus sein: ein Anarchist, einer gegen jede Machtherrschaft?

Im Grunde liegt es nicht so fern, ihm diesen Vorwurf zu machen. Und er ist auch vor allem Paulus gegenüber immer gemacht worden: der Vorwurf der Anarchie und der Anomie, der Gesetzlosigkeit. – Wie es wirklich gemeint ist, sagt Jesus am Anfang der Bergpredigt: Es wird vom Gesetz kein Häkchen und kein Jota vergehen (Matthäus 5,17–19), es wird nicht abgeschafft. Es wird von innen her erfüllt. Das ist eine Ordnung, die die Fesseln, die man bisher mit »Ordnung« identifiziert hat, überflüssig macht. Das Eis auf den Flüssen wird abgetaut. Die Flüsse können endlich fließen und die Schönheit der Welt und der Natur wiederbeleben. Der Kältezustand der Welt löst sich auf unter einem milden Frühlingswind. Das ist eine andere Ordnung als die der vereisten kristallinen Versteinerungen. Eine lebendige Ordnung, die von innen kommt.

Wir könnten eine Abfolge von Aggregatzuständen bilden: Wasser, Eis, Dampf. Dann hätten wir zu Beginn ein turbulentes Chaos. Daraus entsteht eine Zwangsordnung. Und daraus entsteht eine Harmonie in Freiheit, in einer Art Dreischritt. – Jesus möchte die Zwangsordnung der Angst, der gefühlsmäßigen Eiseskälte, der apersonalen Schematismen beseitigen durch ein genaues, liebendes Hinsehen auf die Person des anderen.

Entscheidend wird für Jesus die Erfahrung, die er der Legende nach – (Markus 1,9–11) – bei der Taufe durch Johannes am Jordan gemacht hat. Er soll seine Schuld bekennen. Er soll Buße tun. Er soll sein Leben ändern als letzte Chance, dem göttlichen Gericht zu entgehen. Jesus ist offensichtlich bis dahin bereit gewesen, auf diese Forderung des Täufers einzugehen. Und er hat das so radikal genommen, dass der entscheidende Punkt seiner Berufung und seiner inneren Veränderung darin lag, dass sich über ihm der Himmel öffnete. Da gab es keine Himmelsleiter der Tugenden, die man mühsam emporklettert, um Gott begegnen zu dürfen. Nein, es öffnet sich der Himmel. Der Sperrriegel der Angst, der Gesetze, des moralisch strapazierten guten Willens löst sich auf, die Wolken verschwinden. Gott wird sichtbar und nah. Und, ganz unglaublich, Jesus hört eine Stimme: »Du bist doch mein Sohn!« Das ist in der Dogmatik ständig als Ausdruck der ontischen Gottessohnschaft verstanden worden. Für Jesus aber ist das offensichtlich die Anrede einer unbedingten Zusage: »Es kann geschehen, was will. Ich werde nie aufhören, dich zu lieben.« So etwas ist absolut nötig. – So wie Fjodor M. Dostojewski (1821–1881), der, als er starb, noch zu seiner Tochter gesagt haben soll: »Ich bin nur euer Vater. Aber was immer in eurem Leben sein mag, euer himmlischer Vater wird immer bei euch bleiben. Ich gehe jetzt weg von euch. Aber selbst, wenn ihr in schwere Schuld geratet, hört nie auf, das zu glauben.« Seine Tochter schreibt: »Ich habe nie mehr Angst gehabt.« – So etwas Ähnliches muss Jesus bei seiner Taufe vernommen haben. Wir könnten eine ähnliche Aussage auch bei Jesaja, Kapitel 49, finden. Da spricht der sogenannte zweite Jesaja: »Kann denn eine Mutter ihre eigenen Kinder vergessen? Und könnte eine Mutter ihre Kinder vergessen, ich, Gott, vergesse dich nie« (Jesaja 49,15). Diese unbedingte Zusage eines voraussetzungslosen Wohlwollens quer durch Schuld und Vergehen, durch dick und dünn, das ist die Erfahrung Jesu. Und die gibt er weiter. Das ist der Kern seiner ganzen Botschaft. Sie ist eine durch und durch therapeutische Botschaft. Und Jesus führt das am

Ende der Bergpredigt noch aus: Er macht zur neuen Erfahrung, dass man über Menschen nicht urteilen kann und soll (Matthäus 7,1–2). Zur Therapie gehört es unbedingt, dass man nicht bewertet, zensiert, moralisiert, aburteilt, sondern akzeptiert, so gut es geht. Nur dadurch hilft man dem Andern.

Gibt es nicht Grenzen der Akzeptanz? Kann man wirklich jeden und alles voraussetzungslos annehmen? Wenn der andere, zum Beispiel, Gewalt ausübt und ich bin Augenzeuge?

Was Menschen tun, ist nicht selten furchtbar und in vielen Fällen gar nicht zu akzeptieren. Im Gegenteil! Aber je schrecklicher das ist, was Menschen tun, desto hilfloser artikulieren sie ihre Not. – Ich bin nicht der Meinung, dass wir alle seelische Not heilen können, aber dass wir daran arbeiten sollten, es immer besser zu tun, ist zumindest im Sinne Jesu die Aufgabe. Dass wir manchmal dem Leiden mit Gewalt von außen das Handwerk legen müssen, ist nichts als ein Zeichen unserer Hilflosigkeit. Das ist oft ein Albtraum.

Doch dass wir es zumindest gut meinen mit dem, was wir arrangieren, dass es als Hilfe gedacht ist, zwingt uns natürlich, darüber nachzudenken, ob etwa unsere Gefängnisordnung auch nur annähernd die Resozialisierung erreicht, die wir mit ihr verbinden, oder ob das Ganze nicht eine grandiose Heuchelei ist. Wir sperren weg. Und die Resozialisierung soll dann darin bestehen, dass jemand jetzt fünfzehn Jahre lang Zeit hat, darüber nachzudenken, was er getan hat. Natürlich passiert das ganz und gar nicht. Aus dem Gefängnis kommen viele Häftlinge schlimmer heraus, als sie hineingegangen sind. Das weiß man. Also kann man so nicht weitermachen.

Was wäre denn die Alternative bei Massenmördern, bei Vergewaltigern im großen Stil? Sie zu akzeptieren im Vertrauen auf ihre Güte? Sie weiter machen zu lassen?

Natürlich nicht weitermachen lassen! – Aber: Die meisten Verbrechen, die wir im Bereich von Gewaltkriminalität feststellen, sind, schon von weitem erkennbar, nicht gewollte Handlungen. – Gerade heute berichtet die Zeitung von einem in der Öffentlichkeit bekannten Mann: ein angesehener, für sensibel geltender Mann, der seine Schwiegermutter erschlagen hat. Eine Tragödie! Wie es kam und geschehen ist, weiß kein Mensch. Aber man kann blind sagen: Das hat er nicht gewollt. Es ist da etwas passiert wie ein Durchbruch.

… als Durchbruch von was? …

… von aufgestauten Gefühlen, von der Unmöglichkeit, miteinander noch zu reden, von dem Empfinden an einer Stelle vernichtet zu werden, an der man den Anspruch hätte, in gewissem Sinne anerkannt oder gar verstanden zu werden. Daraus entstehen Augenblickshandlungen. Da würde man für »Tat im Affekt« sogar juristisch mildernde Umstände geltend machen können von Seiten der Verteidigung. Doch das Problem liegt tiefer.

Nehmen Sie den Fall, dass zur Anklage steht, jemand habe seine Frau erdrosselt, brutal erwürgt. »Was sind Sie für ein Mensch!«, wird der Staatsanwalt schreien. – Und der Betreffende wird sagen: »Ich habe sie geliebt!« Dann wird ihn der Staatsanwalt wieder anschreien: »Das ist keine Liebe! Sie haben sich nur selber geliebt. Sie Egoist!« – »Doch, ich habe sie geliebt! »Das verstehe ich nicht.« – »Ich habe doch alles für sie getan! Ich wollte, dass sie glücklich ist. Und dann fing sie an zu sagen, dass sie einen anderen Mann liebt. – Und sie fuhr fort: ›Dich kann man überhaupt nicht lieben! Du bist ein solcher Stümper, ein solches Weichei, ein solcher Scheißkerl!‹ Sie hörte einfach nicht auf. Sie war aber mein Ein und Alles. Alles hat sich um sie gedreht in meinem Leben. Ich wollte nur, dass sie aufhört damit. Ich habe immer wieder gesagt:

›Hör auf! Hör auf!‹ Aber sie redete und schimpfte weiter. Dann ist es passiert!« – Fünfzehn Jahre Gefängnis stehen darauf. – Was müsste ein solcher Mensch lernen? Dass er sich, zum Beispiel, nicht erst opfern muss, um geliebt zu werden. Er müsste ein ruhiges Selbstwertgefühl bekommen. Er müsste seine ganze Kindheit noch einmal nacharbeiten. Man müsste ihm zeigen, wie unglaublich wertvoll er ist in seiner Sehnsucht nach einer Liebe, die er selber nie empfangen hat. – Das wäre eine Form der Bestrafung, wie man sie im christlichen Sprachgebrauch mit dem Fegefeuer identisch setzt. Es würde alles weggeschmolzen, was bis dahin an verfestigten Ängsten auf dem Weg der seelischen Entwicklung als Hindernis dastand.

Nehmen wir noch andere Beispiele, die leichthin möglich sind. Jemand wird zum Raubmörder, zum Auftragsmörder. Es beginnt wie bei Graham Greene (1904–1991) in dem Roman »Das Attentat«. Da hat der Mörder von Geburt an eine Hasenscharte, die er durch einen Schnurrbart verdeckte. Immer fühlte er sich ausgesetzt und als Spottfigur unter den anderen. Ihm wurden Gefühle wie Zartheit, Verbundenheit, Kameradschaft schon als Kind abgewöhnt. Seine Welt war eiskalt. Man muss das mit Graham Greenes Augen sehen. Nach einer halben Seite seines Romans fängt man an, den potentiellen Mörder, den Auftragsmörder lieb zu gewinnen. Ein Gehetzter auf der Flucht vor sich selber.

Wenn wir einmal die Straftäter so sehen, mit Jesu Augen, behaupte ich jetzt, so wäre es selbstverständlich, dass wir jedem nachgehen würden wie der Hirt dem verlorenen Schaf im 15. Kapitel des Lukasevangeliums (Lukas 15,3–7). Wenn das von jedem Menschen gilt, dann sind wir alle unter Gottes Augen Brüder und Schwestern.

Es ist in einer Familie nicht möglich, einander auszuschließen. Der Mörder gehört zu uns, hat mit uns selber etwas zu tun. Da gibt es keine Grenzen, die wir mit Stacheldraht und

Mauern aufziehen könnten. Da gibt es nur einen Himmel, der offen ist für die Wolken, die unter ihm dahinziehen. Das meint auch Jesus, wenn er in der Bergpredigt sagt, dass Gott die Sonne aufgehen lässt über Gute und Böse und regnen lässt über Gerechte und Ungerechte (Matthäus 5,45). Es gehören alle zusammen. Und das ganze Bemühen der menschlichen Geschichte im Sinne Jesu besteht darin, diese Gegensätze in einer liebenden Form von Verstehen, Mitgehen, Begleiten und Durcharbeiten einzuschmelzen, zur Einheit zu bringen. Das ist das Ende des Strafrechts.

Dafür eigentlich, behaupte ich, hat man Jesus hingerichtet. Alles andere an Vorwürfen gegen ihn sind Konkretionen. Dass er einmal den Sabbat gebrochen hat (Markus 3,23–28), dass er eine Ehebrecherin beinahe freigesprochen hat (Johannes 8,1–11), indem er den Verurteilern erklärte, sie seien nicht gerade diejenigen, die sie steinigen könnten – das alles sind die Symptome des Kernproblems: Jesus wird abgelehnt, weil er die herrschende Art der Lohn- und Strafgerechtigkeit, des Äquivalenzprinzips für Gut und Böse aufgehoben hat. Darauf steht in jeder bürgerlichen Ordnung die Todesstrafe.

Ein einziges Vorbild in der Geschichte gibt es dafür in Sokrates. Sokrates konnte im Dialog »Gorgias« lehren, dass der, der Unrecht erleidet, viel besser dran ist, als der, der Unrecht tut. Wenn ich überzeugt bin, dass ich Recht habe, und erleide Unrecht, geschieht mir ja gar nichts Wesentliches. Es kann mir weh tun, es kann sogar meine äußere Existenz vernichten. Aber ich bleibe, wer ich bin. Wenn ich hingegen einem anderen Böses antue, verliere ich mich selber. Das ist ungleich viel schlimmer, meint Sokrates 400 vor Christus. Und dafür kommt er ins Gefängnis und wird bestraft mit dem Tode, mit dem Schierlingsbecher.

So gesehen, ist die ganze Strafjustiz überflüssig. Für Jesus ist sie sogar nicht nur sinnlos und überflüssig, sondern falsch.

Kann man denn dann überhaupt noch von »Schuld« sprechen? In den Staaten, Gesellschaften und Kirchen wird ja, nicht nur im Strafrecht, überall weiter mit »Schuld« operiert. Schuldzuweisungen ohne Ende. – Ernsthafte Frage: Wenn das stimmt, was Sie von Jesus sagen: Kann man dann überhaupt noch von Schuld sprechen?

Es gibt Zusammenhänge. Natürlich gibt es Gut und Böse. Doch beides hat seine Ursachen. Das meine ich mit der therapeutischen Sichtweise Jesu. Es ist nicht zu leugnen, dass es Grausamkeiten unter Menschen gibt, krasse Unmenschlichkeiten im privaten wie im öffentlichen Bereich. Aber die therapeutische Sichtweise führt zu der Frage: Warum geschieht denn all das? Wenn man das Symptom in seinem ganzen Ausmaß sieht, dann begreift man die Energie und die Zerstörungskraft der Krankheit, die dahintersteckt. Für die muss man sich interessieren. Je schrecklicher das ist, was Menschen tun, desto schlimmer ist im Hintergrund ihr Leid. Und am ärgsten bei denen, die es gar nicht mehr als solches empfinden. Graham Greenes Attentäter hat am Ende scheinbar gefühlsmäßig gar keine Schwierigkeiten mehr mit sich selber. Er ist ein gefühlskalter Mörder. – Auch das ist vor Gericht allemal strafverschärfend.

Dann steht in der Zeitung: »Das Monster von Sowieso«, »Die eiskalte Bestie«. Solche Sätze erscheinen in der Presse alle paar Tage. Die Wahrheit ist: Man könnte sehen, dass es Menschen gibt, die nicht zu Gefühlen fähig sind. Gefühle werden in der personalen Entwicklung mit acht Monaten zum ersten Mal eingeübt. Kinder beginnen sich vorzustellen, was in der Mutter vor sich geht. Sie können die Gefühle triggern: Wenn sie lächeln, lächelt die Mutter auch, wenn sie zu viel schreien, wird die Mutter böse. Man kann die Zusammenhänge langsam begreifen. Und das hat einen großen Vorteil: Man kann die Gunst der Mutter lenken, wenn man ihre Gefühle kennt. Ein wunderbares Wechselspiel.

Manche können das besonders gut!

Jetzt nehmen wir einmal an, es gibt Gründe, dass ein Kind mit acht Monaten keine Gefühle empfindet. Affektive Mangelzufuhr, würden die Psychologen sagen. Oder es wird falsch sozialisiert. Es hat zwar Gefühle, aber falsche. Dann stehen Sie vor dem Problem, dass dieses Kind die einfachsten sozialen Signale nicht richtig oder überhaupt nicht wahrnehmen kann. Und was dann? – Solche Kinder stehen mitten in der Gesellschaft und können nicht richtig deuten: Warum ist ein anderer wütend? Warum ist er feindlich gesinnt? Was bedeutet das? In einer solchen Situation ist es fast unmöglich, sich in einer geeigneten Weise zu sozialisieren. Wie soll ein solches Kind, das, erwachsen geworden, kriminell wird, dafür angeklagt werden, dass es zum »eiskalten« Verbrecher geworden ist? Psychoanalyse spielt in der Justiz keine gewichtige Rolle – bis heute. Es gibt aber Millionen Beispiele, schreckliche Biografien, die zeigen, wie berechtigt die therapeutische Sichtweise der Psychoanalyse im Umgang mit abweichendem Verhalten in jeder Form ist.

Fragen wir also: Wie ändert sich dadurch die Welt? Wie dreht sie sich im Ganzen? – Sieht man sie mit Jesu Augen, so hat er uns gezeigt, dass man das Urteil der Menschen nicht zu fürchten braucht, weil der Einzige, der über uns wirklich etwas zu sagen hat, der ist, den er in seiner Güte »Unseren Vater« nennt.

10
Ohne Zweifel ist Jesu Geschichte das Beispiel eines grandiosen Scheiterns

Schau ich die Welt an, wie sie ist, nicht wie sie sein soll, und stelle Jesus daneben oder mitten hinein, dann komme ich zu dem Schluss: Jesus ist, im Grunde genommen, gescheitert. – Wo aber gab es und gibt es Menschen, die nicht glauben, dass er gescheitert ist, und die in dieser verirrten und verrückten Welt den Versuch machen, so konsequent wie er zu leben? Das ist für mich eine ganz zentrale Frage. Ich habe in meiner beruflichen Arbeit als Fernsehjournalist immer wieder versucht, Menschen zu finden, die mir gezeigt haben, mit der Berufung auf Jesus, wie »es« sein sollte, eigentlich. Menschen wie Ruth Pfau, Rupert Neudeck, Lea Ackermann, Dom Paulo Evaristo Arns, der arme Kardinal von São Paulo, um nur ein paar Namen zu nennen. Ich habe neben allen »Erfolgen«, die sie auch hatten, immer wieder erlebt und mit erfahren, wo sie gescheitert sind. Und daneben habe ich auch immer wieder den Jesus gesehen, der gescheitert ist. Oder?

Das stimmt. Ohne Zweifel ist Jesu Geschichte das Beispiel eines grandiosen Scheiterns. Die Grässlichkeit seines Endes, die Endgültigkeit des Urteilsspruches, den man über ihn gefällt hatte, zeigt, dass das Scheitern definitiv das letzte Wort sein sollte über alles, was er war und gewesen ist.

Die konkreten historischen Belege über Jesus sind sehr dünn. Von einem »Helden«, einem »Sieger« kann nicht die Rede sein.

Wir nehmen die römischen Geschichtsschreiber, – sie erwähnen das Faktum gar nicht. Außer Tacitus im 15. Buch, Kap. 44 der »Annalen«. Da steht eine kleine Erwähnung, sinngemäß und typisch für Tacitus: »Mit dem Schlamm, der durch die Kloaken nach Rom gekommen ist, ist auch das Christentum dahin gekommen, gegründet von einem Mann namens ›Chrestos‹, der unter Tiberius durch den Prokurator Pontius Pilatus gekreuzigt wurde.« Mehr nicht.

Wir wissen von Jesus historisch fast überhaupt nichts, außer von Leuten, die daran geglaubt haben, dass er recht hatte. Seine Zeugen. Da gibt es keine Erfolgsgeschichten. Sie fehlen ganz und gar. Was Jesus ist und bedeutet, ist nur durch persönliche Erfahrung zu »haben«, durch den Weg und die Nachfolge Jesu.

11
An der Seite Jesu zu sich selber zurückgekehrt
Maria von Magdala

Können sie Beispiele nennen?

Eines ist die Gestalt der Maria von Magdala. Wir wissen von ihr historisch gar nichts! Wir wissen ganz sicher nicht, was seit Papst Gregor (590–604) behauptet wird, dass sie identisch sei mit der Dirne aus dem siebten Kapitel des Lukasevangeliums (Lukas 7,36–50). Das einzige, was wir wissen, steht in Lukas 8, Verse 1–3: Sie war heimgesucht von sieben Dämonen, als sie Jesus begegnete, und wurde von ihm geheilt. Wir haben eine Frau vor uns, die auf die Frage, wer sie sei und woher sie komme, nicht sagen kann: Ich bin die Frau aus dem kleinen Ort Magdala am Ufer des Sees von Gennesaret. Sie kann auf die Frage nur antworten: »Herr, das weiß ich nicht. Nie konnte ich wissen, wer ich bin. Es redet in mir alles durcheinander.«

In der Transaktionsanalyse würden wir jetzt sagen: Höre auf dem Tonband, wer da redet! Das ist jetzt die Stimme der Mutter, die sie als Mädchen so formen wollte. Dann kam der Vater, der wollte sie als Mädchen anders oder überhaupt kein Mädchen. Dann kam der ältere Bruder, der sie auf seine Art lächerlich und klein gemacht hat. Dann kam der Lehrer. Jeder wollte eine andere Identität von ihr. Es gab sie nicht. Es gab nur Widersprüche. Jesus muss auf seine Art, im Gespräch mit ihr, alle die Widersprüche aufgelöst haben. Er war bei ihr und gab ihr ein Gefühl für sich selber, verlieh ihr eine unverwechselbare Identität, ließ sie eine Persönlichkeit werden und sein. Diese ihre Persönlichkeit war eine Kostbarkeit, die sich nur formen konnte wie die Diamanten in der Tiefe der Erde: unter höchstem Druck.

Alle Psychotherapie besteht darin, dass man endlich so sein darf, so schwach, so klein, aber auch so schön, so reich, so beseelt, wie man ist. Es darf endlich sein, was man ist. Es muss nicht wegkompensiert werden. Es gibt endlich den Anfang einer Ehrlichkeit, die akzeptiert wird, ein reifendes Vertrauen in sich selber.

Maria von Magdala ist so an der Seite Jesu zu sich selber zurückgekehrt. Sie ist es denn auch, die nach dem Karfreitag den Tod widerlegt mit der Erfahrung, dass das Leben ganz und gar bei Jesus ist. Die ihn töteten, können nur töten. Das haben sie bewiesen. Ihre Normalität ist der Tod. Da haben sie recht. Ja, sie können nur töten und Macht dadurch gewinnen, Angst verbreiten und Terrorregime errichten, sie können Waffen herstellen. Sie können das alles. Sie sind Tötungsspezialisten. Doch eben deshalb versündigen sie sich am Leben. Das haben sie bewiesen. – Aber das Leben liegt bei Jesus. Oder wie das Matthäusevangelium sagt: »Geht nach Galiläa! Dorthin ist er euch vorausgegangen« (Matthäus 28,7–9). Das, was er gesagt und gelebt hat, das ist eure Zukunft. Und während sie dahin gehen, kommt Jesus ihnen entgegen.

Man kann sich fragen: Wo und was ist denn jetzt der Erfolg? Ist er nicht bei den anderen zu suchen? – Nein, es geht nicht um Erfolgsmeldungen, um Rangordnungen. Nicht um die Frage: Wo und wer sind die anderen? – Die Frage ist: Wer bin ich selber?

Da schließt meine zweifelnde Frage an, die aus vielen Erfahrungen resultiert, nicht zuletzt bei den Straßenkindern von Bogotà, zum Beispiel. Da steht auf der einen Seite das Jesuswort, dass er alle Tage – und vielleicht auch alle Nächte – bei uns ist (Matthäus

28,20), und auf der anderen Seite war niemand oder waren nur ganz wenige konkret da bei den Kindern in den nächtlichen Straßen der kolumbianischen Metropole. Ich glaube, dass eine der Hauptursachen, warum das jetzt brüchiger und brüchiger werdende System von Kirche bald untergehen wird, darin liegt, dass die Konkretion fehlt. Das pure Da-Sein. Ganz. Nicht nur mit schönen Worten und wohlfeilen Sprechblasen. Wie gesagt: von Ausnahmen abgesehen.

Das ist sehr wahr, was Sie da sagen, weil die Konkretion der Gegenwart Gottes für viele in der Übernahme eines vorchristlichen Aberglaubens vorgestellt wird – als ein Eingreifen Gottes von außen. Leider lehrt auch die Bibel an vielen Stellen so, dass die Vorstellung berechtigt sei, Gott sei bei uns, indem er eingreife. Indem er die äußere Wirklichkeit verändere. Er sei bei uns, indem er seine Macht erweise gegen unsere Widersacher. Von solchen Aussagen ist die Bibel voll. Und Generationen von Theologen auf den Kanzeln haben diesen Glauben den Menschen bereits im Kindesalter beigebracht: Wenn ihr betet, wenn ihr Opfer bringt, wenn ihr lieb seid, dann wird Gott euer Gebet erhören. Aber schon die Kinder merken oder müssen erfahren, dass es so nicht stimmt.

Ich entsinne mich eines Fernsehgesprächs zwischen Jacques Chirac (1932–2019) und Helmut Schmidt (1918–2015). Chirac gab sich als ein frommer Christ, Helmut Schmidt als überzeugter Atheist. Er sprach von seiner Zeit als Soldat in Russland im Krieg. An einem Abend sagte der Militärpfarrer zu den deutschen Soldaten: Alles, was geschieht, auch in diesem Krieg, liegt in den Händen Gottes. Schmidt sagte: Das hat mich eine Nacht getröstet. Und am anderen Morgen wusste ich, dass er unrecht hatte. Das war das Ende des Kinderglaubens des Helmut Schmidt. Und es ist das Beispiel für den Anfang des Unglaubens ganzer Generationen von denen, die sich noch bemühen, das Christentum anzunehmen.

Die Wahrheit Jesu, auch am Kreuz, ist, dass Gott so nicht ist. Das sagt er sogar dem Pilatus gegenüber (Johannes 18,36). – Das Lukasevangelium erzählt in der Szene von Gethsemane, dass Jesus darum gefleht habe, es möchte Gott ihm ersparen, das durchmachen zu müssen, was er unvermeidlich kommen sah: Man wird ihn verhaften, man wird ihn anklagen, man wird ihn auf römische Art zu Tode quälen. Aber: Es kam ein Engel, schreibt Lukas in einem legendären Einschub (Lukas 22,42–43). Und nicht, um ihn herauszupauken nach Art des Petrus mit dem Schwert (Johannes 18,10), sondern um ihm einen Becher zu bringen zur Stärkung. Das heißt, dass Gott uns hilft, der Herausforderung standzuhalten. Er erspart uns gar nichts.

Das war zum Beispiel die Erfahrung derer, die in den Hinrichtungszellen der Nazis saßen: Dietrich Bonhoeffer (1906–1945) und Alfred Delp (1907–1945), um nur diese zwei zu nennen. Sie wussten, dass das, was sie befürchteten, auch genauso kommen würde. Pater Delp hatte noch bis zuletzt Hoffnung, es käme anders. Er hat das im Detail beschrieben. Es ging ihm aber wesentlich nur darum festzuhalten, dass Gott bei ihm ist, und in diesem Bewusstsein durchzuhalten, um sich ganz in SEINE Hände zu geben.

Ihr Problem jetzt ist vollkommen anders. So denken wie Sie kann natürlich nur ein relativ erwachsener Mensch, der seine Lage reflektieren kann, der imstande ist, Gefühle der Angst oder sogar der Katastrophe einigermaßen zu kontrollieren. Sie sprechen von Kindern, denen Furchtbares angetan wurde, die um Hilfe schreien, und fast keiner ist da. Es ist aber jemand da, sonst würden Sie nicht darunter leiden. Sie haben das gesehen, und Sie waren selbst dabei. Ihr Wissen ist das, was eigentlich die religiöse Wahrheit in der geschilderten Szene ist. Sie sind im Grunde dabei, mehr zu glauben, als das betroffene Kind in dem Augenblick selber glauben kann.

Wie oft begleiten wir Menschen auf dem Sterbebett, die ihr

Leben als ein einziges Fiasko ansehen und erfahren haben. Sie haben eine flackernde Kerze vor sich, die langsam oder schnell zu Ende brennt. Da ist kein neues Licht mehr anzuzünden in dieser Welt. Aber man kann da sein mit dem andern und für den andern. Von Glauben und Hoffnung kann man nie in Richtung der anderen sprechen. Nur von sich selber, zum Weiterschenken.

Und das setzt konkrete Erfahrungen voraus. Es geht um eine persönlich zu vermittelnde, ganz andere Wirklichkeit: die Wirklichkeit des offenen Himmels.

12
Die am Boden Liegenden brauchen eine Güte, die ihnen aufhilft. Nichts weiter
Paulus

Sie wollten noch ein zweites Beispiel ansprechen.

Ja, als ein weiteres Beispiel wollte ich noch die Geschichte des Paulus erwähnen. Paulus ist der Meinung, dass Jesus von Nazareth zu Recht gekreuzigt wurde: Er hat Mose bekämpft. Er hat das Gesetz missachtet. Er ist ein Anomist. Er ist ein Irrlehrer. Einen Gott, der alles vergibt, gibt es nicht nach dem Gesetz. Jesus hat von Gott auf gottlose Weise geredet. Darauf steht die Todesstrafe. Und Paulus steht dabei und hilft, als man einen der ersten Jünger Jesu, den Diakon Stephanus, steinigt (Apostelgeschichte 7,54 60). Damit ist Gott der Ehrendienst erwiesen worden. Paulus findet das völlig in Ordnung. Er geht sogar nach Damaskus, um Leute anzuzeigen, die der Botschaft Jesu folgen (Apostelgeschichte 9,1–2).

Der Legende nach ändert sich die Sache, als Paulus vor Damaskus zusammenbricht. Nietzsche (1844–1900) mag recht haben, dass es ein epileptischer Anfall gewesen ist. Eines aber ist ganz sicher: Bis dahin war das Weltbild des Paulus gefestigt in der Meinung, dass jeder seines Glückes Schmied, dass jeder ein freier Mensch ist, der über seine Taten frei verfügt, und dass er deswegen, wenn er das Böse tut, dafür bestraft gehört. Jetzt im Zusammenbruch muss Paulus begreifen, dass dieses ganze Weltbild falsch ist. Er liegt am Boden. Er ist absolut ausgeliefert. Und er hört die Stimme, die ihn fragt: Warum verfolgst du mich? (Apostelgeschichte 9,3–4). Was machst du mit dir selber, Paulus? – Warum?

Ein Weltbild, in dem der Mensch frei, autonom über sich und andere verfügt, kann nur denjenigen gegenüber ungerecht sein, die wie Paulus sich jetzt zu fühlen gezwungen sehen: hilflos, ausgesetzt, am Boden liegend, ohnmächtig. Und was brauchen solche Menschen? Das war für Paulus die augenblickliche Erkenntnis, dass Jesus absolut recht hatte: Die am Boden Liegenden brauchen eine Güte, die ihnen aufhilft. Nichts weiter. Keinen Stab, den man über sie bricht im Namen der Gerechtigkeit oder Rechtgläubigkeit. Alles stimmt an Jesus. Aber das musste Paulus erst einmal erfahren: den Zusammenbruch seines ganzen Weltbildes, auch seiner ganzen Frömmigkeitshaltung. Und dann hat er zugleich etwas begriffen, was über die Botschaft Jesu historisch sogar hinausgeht: Es ist eine Botschaft für alle Menschen, und sie muss zu ihnen gebracht werden. Gehet hinaus! (Matthäus 28,10). Wäre das durch Paulus nicht geschehen, die Botschaft Jesu wäre ein rein regionales Ereignis im Großraum von Jerusalem geblieben. Es war Paulus, der das begriffen und angewandt hat: Eine Güte, die unbedingt die Menschen meint, die ihnen vergibt, die ihnen nachgeht, die ihnen aufhilft, die heilend in die Krankheit der Seele hineinwirkt, brauchen alle, weil sie Menschen sind. Sie brauchen ein Gegenüber, das über alle Angst hinweg ihnen Vertrauen schenkt.

Deswegen bricht Paulus nun in die bewohnte Welt, in die Ökumene, auf. Israel gehört nicht sich alleine, sondern es ist ein Leuchtturm in stürmischer See, die Orientierung für alle auf dem Weg zum anderen Ufer. Es ist die Stadt auf dem Berge, wie Jesus es einmal gesagt hat (Matthäus 5,14–15). Es ist die Kerze auf dem Leuchter. Es ist das Salz der Erde (Matthäus 5,13). Es ist das, was alle nötig haben, um klar zu sehen und zu leben. Das macht Paulus aus der Botschaft Jesu. Er hat Jesus persönlich nie gesehen. Aber innerlich hat er ihn begriffen. Ich verstehe den Vorwurf nicht, Paulus habe das Christentum begründet, indem er Jesus verfälscht hätte. Er war und ist der Erste, der ihn richtig und konsequent genug begriffen hat.

13
Jesus musste keine neue Organisation gründen, weil das Judentum die Organisation in den Händen Gottes war, die er antraf
Kirche

Jetzt ergibt sich aber ein Problem dem Judentum gegenüber. Und damit kommen wir auch zur Frage, was nun »Kirche« aus Jesus und seiner Botschaft macht, gemacht hat.

Wir halten fest: Jesus musste keine neue Organisation gründen, weil in seinen Augen das Judentum die Organisation in den Händen Gottes war, die er antraf und die sich für alle Menschen öffnen sollte. Doch nun: Wie versteht man sich im Sinne Jesu, indem man Jude bleibt und eben dadurch Christ wird?

Heute ist das ein furchtbarer Gegensatz. Wir Christen erklären, dass die Juden ihren Messias abgelehnt und wir Christen ihn erkannt haben. Und die Juden sagen, dass Jesus eben nicht der Messias war, sonst hätte es das Christentum nicht gebraucht, sonst wäre Jesus als der wahre Messias im Judentum erschienen.

Tatsächlich könnten wir das Problem der Nichtstaatlichkeit, des politischen Zustands des alten Israel in den Tagen Jesu, zum Modell erheben. Es war nicht nötig, dass man eine zentrale Regierung hatte, dass man ein Königtum einrichtete, eine Staatsverwaltung hatte. Das Gesetz des Mose, nicht äußerlich, sondern innerlich befolgt, hätte genügt.

Was aber wird, wenn man außerhalb des verfassten Christentums eine Organisation einrichtet für diejenigen, die an Christus glauben? Dann bekommen wir das wirkliche Problem, das wir mit dem Thema »Kirche« berühren.

Ein analoges Problem ist im modernen Judentum offensichtlich: Der Zionismus ist heute dahin gekommen, einen Staat zu gründen. Fast 1900 Jahre konnte Israel nur mit der Bibel beziehungsweise mit dem Talmud leben, in kleinen Hausgemeinschaften, in Familiengruppen, orientiert lediglich am Worte Gottes. Keine Priester, keinen Tempel, kein Zentralheiligtum, keine Staatsverfassung. Das war die Überlebensstrategie, die im Judentum schon Ende des 6., Anfang des 5. Jahrhunderts, in der Situation des babylonischen Exils leitend war und sich dann weiter fortsetzte im Jahre 70 nach dem Untergang Jerusalems und, 132–135, nach dem Ende des Bar-Kochba-Aufstands unter Kaiser Hadrian (117–138).

Was aber geschieht, wenn wir aus der sich bildenden Gemeinschaft von Menschen unter den Augen Gottes eine organisierte, strukturierte, verwaltbare Organisationsform machen? Der Zionismus hat einen Staat gegründet. Damit wird das religiöse Problem indessen auf eine Weise gelöst, die fast einem Verrat gleichkommt.

Man muss dazu nur einmal Martin Buber (1878–1965) lesen.

Genau! – Buber sagt, dass es nicht genügt, nur einen formalen Staat einzurichten, den man dann sein Eigen nennt. Nur der Friede mit den Arabern könne die Legitimation sein, sich als Juden in Israel staatlich zu organisieren. Der Boden des sogenannten »Heiligen Landes« gehört allen. Eine andere Legitimation gibt es nicht in Bubers Augen.

Ich erwähne das lediglich als Übergangsproblem für das, was geworden ist, als eine Gruppe von Jesusjüngern sich aus dem Judentum herausgedrängt fühlte. Das war eine tragische

Entwicklung. Nach dem Jahre 70 und dem Verlust des Tempels in Jerusalem ging es für das Judentum um die Frage, wie man überlebt, wenn es keine heilige Stadt mehr gibt und man zerstreut ist in der Diaspora unter fremden Völkern. Es gibt nur noch das Gesetz, und daran ist man wortwörtlich gebunden. Das hat Israels Überleben gerettet quer durch die Geschichte der Völker.

Die Jesusjünger haben das anders gemacht. Sie öffneten sich für die Völker. Sie relativierten alles, was nur Sonderbestimmungen in den Kult-, Opfer- und Reinheitsgesetzen sind, und vereinheitlichen das zu einer innerlichen Grundlage, die in etwa dem entspricht, was in der Bergpredigt gesammelt wurde und sich auf die gesamte bewohnte Welt beziehen sollte – im Sinne eines »Neuen Bundes«, der auf das Engste im Judentum verwurzelt sein sollte, und zwar durch eben den Propheten, der auch unseren Tagen am allernächsten steht, den Propheten Jeremia.

Wir leben in einer Zeit, in der die Menschen den Kirchen weglaufen. In einer Zeit, in der ganze Generationen heranwachsen, denen die Ausrichtung auf Mathematik, Informatik und Naturwissenschaften vollkommen genügt. Sie brauchen so etwas wie GOTT nicht mehr. Wenn man sich auf die zu erbringenden Leistungen für den Industriestandort Deutschland konzentriert und nicht übergriffig wird, kann man in Ruhe fröhlich alt werden. Dieses Leben ist eine Art Ausverkauf, weil es ohne Sinn geführt wird, weil es schablonenhaft nur nach außen gerichtet ist, weil es den Sinn der Existenz an Erfolgsstrategien festmacht, die bis zum Phantastischen gehen können: Bin ich als Sechzehnjährige schön genug? Habe ich genügend Freunde bei Facebook? Mit welcher App finde ich hundertachtzig Freunde, die ich zum Geburtstag einladen kann? Da muss man mithalten in dieser Wahnwelt eines Daseins, das nur noch ein Design ist. Man wird als Konsumentin und Konsument eingeschliffen und macht das begeistert mit.

Sinn und Verstand hat das an keiner Stelle. Der Prophet Amos hat einmal gesagt, was wir bräuchten, sei »ein Hunger nach dem Worte Gottes« (Amos 8,11).

Es ist die Stunde des Jeremia im Jahre 587 vor Christus. Der Prophet hat das kommen sehen: Er sieht in seinen Tagen ein Gottesverhältnis bei seinem Volk, das nur äußerlich ist, das sich versichert in korrekten Praktiken des Ritualdienstes. Geglaubt wird da gar nichts. Man bekennt sich zynisch zu einem Gott, der zum Schachern und Ausbeuten herhalten muss. Das kann nicht gut gehen.

Jeremia denkt, Gott werde, wenn er schon in diese Geschichte eingreift, Nebukadnezar II. von Babylon (604–562) nehmen und ihn mit dem Hammer draufschlagen lassen. Und so kommt es dann auch. In jenem Jahr 587 steht Jerusalem in Flammen, der Tempel wird geschliffen und die Oberschicht nach Babylon deportiert. Alles ist verloren. Die Tradition ist widerlegt mit der Überzeugung: Gott rettet uns. Genau das tut er nicht. Er führt uns in den ganzen Schlamassel erstmal hinein, damit wir uns besinnen: Es gab Priester, die Opfer brachten, um Gott zu versöhnen, – es gibt keine Priester mehr. Die heiligen Texte sind nutzlos – es gibt auch keine Schriftgelehrten mehr. Wir haben unser Vertrauen auf einen König gesetzt, der uns beschützt – der König befindet sich gerade geblendet in Babylon. Man hat seine Kinder vor seinen Augen abgeschlachtet (Jeremia 37,6.7). Wir haben nichts mehr. Das ist der Schlussstrich.

Die Frage ist: Hat Gott sich damit widerlegt? – Das war das alte Denken: Gott muss eingreifen, muss sich als stark erweisen, muss den Mächtigen die Macht geben. All das hat er aber nicht. Damit hat er sich nicht widerlegt, sondern offenbart. Es folgt: Wir müssen völlig neu anfangen. Es war dadurch alles falsch, dass wir meinten, wir könnten Gott von außen nach innen pressen. – Da war einmal auf dem Berge Sinai ein Gott, Exodus 19,16–25, der im Wetterdräuen, im Wolkengewitter,

Blitze schleudernd im Furchtabstand, das Volk vom Berge fernhielt und Gebote herabschleuderte, die er in Stein meißelte. Die Gesetzestafeln wurden einbehalten in der Bundeslade als Kern des Gotteswortes. Und die stand in dem heiligen Tempel, den Salomo errichtet hatte. Jeremia hat das noch als Kind geglaubt, als Sohn eines Priesters von Anatot. Das alles war einmal so. Jetzt ist das alles nicht mehr, und wir müssen ganz anders beginnen: Gott ist nicht im Gefälle der Macht, nicht autoritär von oben nach unten in die Seelen der Menschen zu pressen, immer im Schatten von Angst, immer mit: »Du sollst!« oder »Es wird!« Wir bräuchten einen Gott, meint Jeremia in Kapitel 31, der innerlich redet, der das ausspricht, was wir selber fühlen. Es gibt seither keine autoritären Lehrinstitute mehr. Jeder hat die Fähigkeit, auf Gott zu hören in seinem Herzen. Das kann er lernen vom spielenden Kinde im Hof, von der Magd in der Küche, schreibt Jeremia. Alles, was Gott sagen will, ist ein einziges Wort: Vergebung. Es ist das Wort, das alle Menschen brauchen.

Das ist der Neue Bund (Jeremia 31,31–34).

Und den greift Jesus auf. Das ist die Verwirklichung dessen, was Jeremia in der schlimmsten Schicksalsstunde Israels als Konzept entworfen hat.

Leider ist dieser alles entscheidende Neueinsatz des Jeremia in der Bibel nie wirklich entfaltet worden. Die Leute, die in Babylon die Bibel zusammengestellt haben, wie sie uns heute überliefert ist, haben darauf nicht zurückgegriffen. Sie wollten denn doch die nationale Würde wiederherstellen. Sie wollten die alten Hoffnungen noch radikaler in die Zukunft verlagern. Jeremia war vergessen, bis Jesus ihn auf seine Art wiederentdeckt hat.

Ich möchte noch einmal zurück auf einen Punkt von vorhin. Frage: Ist Paulus als Beispiel dafür zu sehen, dass man erst zusammenbrechen muss, bevor man wieder aufstehen, wieder zu einem neuen Anfang kommen kann?

Ich glaube, dass man die unbedingte Notwendigkeit von Güte, von Vergebung, von absoluter Annahme kennenlernt, ist nicht möglich, solange man sich in der Mitte des Stromes unangefochten und fraglos mitbewegt.

Im Zeitalter der Selbstoptimierung ist ein Zusammenbruch das Schlimmste, was einem widerfahren kann. Ich frage noch einmal: Ist der Zusammenbruch die Bedingung des Weiterkommens, des Neuanfangs?

Meine Erfahrung in der Psychotherapie sagt mir regelmäßig, dass Menschen erst dann ihre Wahrheit suchen, finden und akzeptieren, wenn sie sonst nicht weiterwissen.
    Sören Kierkegaard hat gesagt: Glauben ist die durch Verzweiflung vermittelte Unmittelbarkeit zwischen Mensch und Gott. Er meinte das nicht situativ für bestimmte Ereignisse des Lebens, sondern strukturell für das menschliche Bewusstsein.
    Erst wer sieht, dass er ohne eine absolute Bindung an Gott über einem Abgrund schwebt, der wird darauf kommen, dass Religion etwas Notwendiges ist.

Das heißt: Ich »brauche« etwas, ich verlange nach etwas, um mich überhaupt als Mensch zu fühlen. Das zeigt aber doch eine Bedürftigkeit an, die so existenziell ist, dass sie zur Krankheit werden kann.

Wenn die Bedürftigkeit nicht erfüllt wird! Von dieser »Krankheit« des Ungenügens an allem Endlichen gibt es eine Heilung nur im Unendlichen, im Vertrauen auf Gott. Ein Mensch kann nur zu seiner Identität finden, wenn er die Angst verliert.

Kann man Angst verlieren?

Ja natürlich! Durch Vertrauen. Die Angst wird man nicht abschaffen, indem man sie verdrängt, betäubt oder mit Psychopharmaka chemisch wegmedikamentiert.

Die Angst wird nicht verschwinden.

Sie ist der Hintergrund des Vertrauens. Das Bild dafür finden wir im 14. Kapitel des Matthäusevangeliums: beim Gang Jesu über das Wasser. Das ist das Bild für das gesamte Verständnis unseres Lebens in den zwei Aspekten. Unser ganzes Dasein ist ein Weg ans andere Ufer über ein Wasser, das eigentlich nicht tragen kann. Hören wir das Rauschen der Wellen und des Windes, wird die Angst uns packen und nach unten ziehen. Wir sind dann wie Ertrinkende. Wir können strampeln, wie wir wollen. Es ist nur eine Frage der Zeit, wann uns die Wirklichkeit, die Endlichkeit einholt. Oder wir schauen in die Augen der Person, die vom anderen Ufer auf uns zukommt. Und die uns fragt: Was bist du für ein Kleingläubiger? (Matthäus 14,22–33). Das ist das Rettende. Entscheidend ist, worauf wir schauen: auf das Gegenüber, das von Gott auf uns zukommt, oder ob wir in die Welt hineinschauen, die sich öffnet wie ein gähnendes Loch. Angst oder Vertrauen sind die beiden möglichen Vorzeichen vor der Klammer von all dem, was sich in unserem Leben inmitten der Klammer, gewissermaßen arithmetisch, abspielt.

In diesem Augenblick denke ich an den Eugen Drewermann des Anfangs. Als die »Fachleute« ihm vorwarfen, dass er die Religion und den Glauben wegpsychologisiert. Ich bin der festen Überzeugung, dass die Kirche in ihrer jetzigen Gestalt vergessen hat, dass der Mensch eine Seele hat.

Exakt! – Das Missverständnis lässt sich leicht aufklären. Es muss Psychologie betrieben werden, um zu zeigen, dass die ganze Psychologie sich ändert je nach dem Vorzeichen der Grundangst oder des Grundvertrauens. Das würde jetzt mit den Psychologen selber ein lohnendes Gespräch. Wie oft habe ich mich innerlich mit Sigmund Freud unterhalten! Er meinte, dass man nur heilen könne im Verzicht auf Urteile und Verurteilungen. Was hatte er mit diesem absolut richtigen Ansatz aber schließlich als Trost für die Fragen, die die Menschen mitbringen? Wie soll man gesund werden? Was macht man, wenn der Partner, den man geliebt hat, stirbt? Da sagt Freud eigentlich nur: Das gehört zur Realität. Damit muss man irgendwie klarkommen. – Aber Verzweiflung gehört eben nicht zur Realität. Man braucht einen Trost, der viel weiter reicht. Und dafür hatte Freud absolut keine Antwort. Er selber wurde von Mundkrebs heimgesucht und immer wieder operiert.

Ich glaube nicht, dass Menschen leben können, ohne dass sie einen plausiblen Sinn für ihr Leben gewinnen können. Ein solcher Sinn überschreitet die paar Jahrzehnte, die wir hier auf Erden verbringen können.

Auch das kann man ja sehen: Es ist nicht möglich, Menschen von bestimmten Formen des Egoismus zu befreien. Oder: Wie soll man einen Menschen dazu motivieren, Unrecht und Gewalt zu widerstehen, wenn es nicht einen unbedingten Grund des Vertrauens dafür gibt? – So verstehe ich die Aufgabe der Psychologie, der Psychotherapie: Alle Ängste, die es gibt, vor dem eigenen Vater, der Mutter, der Kindheit, den Wiederholungszwängen, der Übertragung, müssen durchgearbeitet werden. Auch die Ängste, die im Raum der Kirche sich entwickelt haben. Das ist unerlässlich. Aber es muss unendlich viel mehr geben als das! Und wenn die Theologen die eine Arbeit schon verweigern, werden sie die nächste gar nicht in den Blick nehmen.

Ein Thema der Psychoanalyse sind die Träume. Von da gibt es auch eine enge Verbindung zur Religion, wenn ich es recht sehe.

Ja, das ist ein wichtiges Thema. Es verbindet sich mit Bildern und Erfahrungen, die tief im Unbewussten vorstrukturiert und angelegt sind.

Bezeichnenderweise spricht Jesus von Gott nie in der Sprache der Schriftgelehrten oder der heutigen Dogmatiker. Er will keine neuen Lehrbücher über Gott schreiben. Er ist in diesem Sinn kein Theologe. Er redet von Gott als Dichter. Und er tut das wie ein Arzt im Umgang mit den Menschen. Er tut das in einer existentiellen Verdichtung wie die Propheten, die ihre eigene Existenz zum Sprachrohr des Göttlichen machen. Seine Ausdrucksweise ist die der Gleichnisse. Das ist hohe Dichtung. Kleinkunst in höchster Form. Nicht zur Gewinnung eines Literaturpreises, sondern zur Veränderung der menschlichen Seele durch Szenen, die das Irdische zum Himmel öffnen.

Man sieht etwa einen Bauern, der ordentlich gesät hat, doch nun einen Misserfolg nach dem andern erlebt (Markus 4,3–9). Kann da noch etwas herauskommen? Schwerlich! – Ganz ähnlich geht es: Sie hören einem Menschen zu und hören ihn sagen: Alles, was ich versucht habe, alles war zwecklos! – Und Jesus meint: Nein! Wenn es um Gott geht, gibt es ganz sicher einen Ertrag. Dreißigfach! Sechzigfach! Gott macht nie etwas umsonst. Der Erfolg ist nicht das Ziel. Dass ausgesät wurde im Namen Gottes, trägt schon in sich die Erwartung eines Erfolges. Die Misserfolge können sein wie sie wollen, man hätte nie gesät, ohne an Wachstum zu glauben, und daran halten wir jetzt mal fest. – So kommt ein Trost auf einer anderen Ebene in diese Welt hinein. Was auf dieser Welt begrenzt gilt, wird durch den Glauben ins Absolute versetzt.

Oder ein anderes Gleichnis: Zu denen, die Jesus verklagen auf Leben und Tod, sagt er: Die ihr mich anklagt, dass ich den

Verlorenen nachgehe, habt keine Ahnung, weder was Verlorenheit bedeutet, noch was mit Gott in diesem Zusammenhang gemeint ist. Die armen Schafe, ein biblisches und reales Bild für uns Menschen, brauchen einen Hirten, der nachgeht (Lukas 15,1–7). Und Jesus sagt: Gott IST der Hirte. Und er geht ihnen nach. Wir sind seine Töchter und seine Söhne. Und wenn Gott das so »macht«, dann muss ich das auch so machen. Dann müssen wir das miteinander so machen. Dann gibt es überhaupt kein Recht, jemanden verloren zu geben. – Ein simples Hirtenbeispiel, das eine Erfahrung, die endlich ist, überträgt ins absolute, existenzbegründende Unendliche.

So sind die Gleichnisse Jesu. Sie öffnen das Herz und eröffnen ein Vertrauen, das sonst gar nicht möglich wäre. Gleichnisse und traumnahe Symbole sind die besten Ausdrucksweisen, um Religion zu vermitteln. In den Gleichnissen Jesu sieht man sich unter den Augen Gottes. Das verändert alles.

Jesus handelt wie ein guter Therapeut.

Ja, genau so. Er verhält sich so, dass sich beim Gegenüber ein Vertrauen aufbauen kann, dass er sich geborgen fühlt.

Jesus sagt: Gott ist bei denen, die zerbrochenen Herzens sind (vgl. Psalm 51,19). Nicht bei den Gerechten und Mächtigen. Er ist bei den Verlorenen und Gebeugten. Bei ihm ist Erbarmen zu finden, wie es in den Psalmen heißt (vgl. Psalm 130,4). Ein kleines Gleichnis – und alles dreht sich.

Ich habe öfters auf der Palliativstation mit Sterbenden geredet. Die Erfahrungen, die ich dort gemacht habe, bleiben immer wieder an einem Punkt hängen: Was macht ein Mensch, der gehofft und vertraut hat und in der Sterbestunde, zwar medizinisch gut versorgt, keine Hilfe für seine Seele bekommt? Der nicht den Hirten findet, der keine Zuwendung erfährt, der dahingeht ohne Trost. Kann der nur vom Worte Jesu leben?

Im Grunde ja. Doch kann ich nur hoffen, wenn Hilfe ausbleibt, dass sich für die, die innerlich einsam sterben müssen, schließlich in einer anderen Welt alles öffnet. Das hoffen die Leute, die keine Hilfe haben. Es ist ein verzweifelter Glaube in einer Welt, die zu Ende gehen muss: So kann es nicht weitergehen. Jesus spricht ja auch immer wieder vom Vergehen, vom Ende der Welt (vgl. Markus 13,24–27).

14
Wir brauchen Fenster in den Wänden der irdischen Existenz, damit von außen Licht hereinfällt
Kirche in der Nachfolge Jesu

Wir haben seit Jesu Zeiten die Welt auch nicht viel besser gemacht. Auch und gerade wir Christen nicht.

Damit sind wir nicht mehr bei Jesus, sondern bei dem, was sich heute Kirche nennt. Und bei uns selber. Allerdings.
Natürlich hat die Kritik des Marxismus die Widersprüchlichkeit auf den Punkt gebracht. Vor kurzem hörte ich Gregor Gysi in einem Gespräch sagen, er glaube nicht an Gott, aber er hätte auch nicht gerne eine Gesellschaft, in der nicht an Gott geglaubt wird. Er wollte damit sagen, denke ich, dass die Religion auch den Nutzen habe, dass sich die Leute moralisch verhalten. Ich würde gerne mit Gregor Gysi sprechen und ihm sagen: So geht's nicht durch! Du hast den Marxismus schon als Schulkind gelernt. Da waren die Marxisten wenigstens noch ehrlich: Sie haben dem Christentum und jeder Religion vorgeworfen, dass sie die Menschen auf ein Jenseits vertrösten, damit sie fügsam und regierbar bleiben.

Der Heiligenschein des Jammertals!

Opium des Volkes! Die Klassengegensätze sollten nicht revolutionär explodieren, damit man durch die Aussicht auf den Himmel im Jenseits die Hölle auf der Erde bereiten konnte.

Das Christentum aber ist keine Vertröstung auf eine illusionäre Welt. Es ist das Vertrauen auf eine Wahrheit, die absolut bei Gott steht und sich im Tode an den Grenzen der irdischen Existenz öffnen wird. Um diese Welt auf dem Weg dorthin im Sinne Jesu gründlich zu verändern, ist das mutige und entschlossene Hindurchgehen durch diese Welt erfordert. Dadurch bestätigen wir uns auch als Menschen – in einem Vertrauen, das wir allerdings bei einem Blick in die Zeitungen nicht gerechtfertigt fänden, das empirisch ohne Grundlagen ist. Eine solche Haltung ist visionär, ohne Zweifel. Doch umso dringlicher: Wir brauchen Fenster in den Wänden der irdischen Existenz, damit Licht hereinfällt von außen. Wir brauchen die Kirchenfenster, um überhaupt etwas von der Sonne mitzubekommen.

Welche Fenster wären notwendig, dass man sie öffnete und unsere Welt in welches Licht setzt?

Die Gestalt Jesu ist das Hauptfenster. Maria von Magdala, auch Paulus, wir sprachen schon davon, sind zwei weitere wichtige Fenster. Menschen wie sie haben uns ihn geschenkt, diesen Jesus. So geht das durch die Jahrhunderte. Immer wieder muss es Menschen geben, von denen wir selber leben können.

Ich kenne immer mehr solcher Menschen. Auf der Palliativstation in langen Gesprächen angesichts des nahen Todes habe ich solche Menschen kennengelernt. Oft aber waren es Menschen, die mit Jesus nichts verbanden und schon gar nicht mit der Kirche etwas zu tun haben wollten.

Bei Menschen, die in diesem Zustand sind, ist es ganz entscheidend, sie sprechen zu lassen von den Augenblicken, die in der Rückblende auf ihr Leben so etwas wie sinnvoll waren, so etwas wie Glück vermittelt haben. Fast immer werden es Augenblicke gewesen sein, in denen die Sehnsucht nach Verstandenwerden, nach Liebe sogar, nach Begleitung sich zeigte. Davon kann man sprechen. Man wird in solchen Augenblicken nicht immer von Gott sprechen. Aber: Wenn jemand in solch einer Lage sagt: Ich glaube nicht an Gott, dann will er im Grunde sagen: Ich glaube nicht, dass es Liebe wirklich gibt.

Und umgekehrt: Er bezeugt in der Erinnerung an Augenblicke der Liebe und des Glücks stets etwas von dem Absoluten, das Gott ist.

In Umrissen und auch schlaglichtartig ist in unserem bisherigen Gespräch die Person Jesu und seine befreiende Botschaft aufgetaucht. Wir ahnen ein wenig mehr, wer Jesus ist.

Mir hilft der Mann aus Nazareth jeden Tag beim Zeitunglesen. Er sagt mir: Was darin steht, ist zwar die Wirklichkeit, aber sie hat unrecht. Sie darf so nicht bleiben. Sie ist nicht alternativlos. Sie ist nur alternativlos für die Phantasielosen, für die Resignierten.

Nach so einer Welt, wie sie Jesus beschreibt, habe ich Sehnsucht in der täglichen und nächtlichen Folterwelt. Oft erfahre ich aber auch, dass die Sehnsucht nicht erfüllt wird.

Das mag sein. Aber es liegt bei uns, den Anfang zu setzen.

15
Menschen, die es wagen, wehrlos zu bleiben, die nicht groß sein müssen, um sich darzustellen
Jesus und die Kinder

Im Blick auf die herrschende Praxis der Kirche sollten wir jetzt einmal die Herausforderungen Jesu an ein paar konkreten Gruppen von Menschen durchgehen, die er besonders im Auge hatte. Ich fange an: mit den Kindern.

Es ist ja auffällig, dass Jesus, als man ihn fragte, was er mit seiner Botschaft wollte und wie die Umsetzung konkret aussehen sollte, ein Kind in die Mitte stellt.

Deswegen ist auch die Missbrauchsgeschichte so katastrophal, weil die Kirche, der Botschaft Jesu folgend, die Kinder in die Mitte hätte stellen sollen, um zu verdeutlichen, was Jesus gemeint hat, wenn er vom Gottesreich sprach. Sie hat es nicht getan.

In der romantischen Literatur werden Kinder als unschuldige Wesen hingestellt, die schon deswegen heilig sind, weil sie noch gar nicht sündigen können. Das ist in dieser Form aber nicht die Meinung Jesu. Er sieht in den Kindern Menschen, die es wagen, wehrlos zu bleiben, die nicht groß sein müssen, um sich darzustellen. Die ihre Kleinheit und Armut akzeptieren können. Die Kinder, wie Jesus sie sieht, etwa im 9. und 10. Kapitel des Markusevangeliums, das Sie eben angesprochen haben (Markus 9,33–37; 10,13–16), sind sinnbildlich zu verstehen. Jesus verbindet dieses Bild mit einer sehr deutlichen Forderung: Wenn ihr nicht werdet wie die Kinder, dann könnt ihr nicht ins Himmelreich eingehen, ihr werdet Gott nicht verstehen (Matthäus 18,3). Das ist die Evidenz des Vertrauens. Vertrauen ist noch wichtiger als Nahrung. Es ist das personale Einssein mit einem Hintergrund, der trägt. Da ist die Mutter. Sie ist für Jesus eine notwendige Erfahrung, die absolut mit Gott verbindet. Das möchte er vermitteln, wenn von Kindsein die Rede ist. In diesem kindlichen Vertrauen dürfen wir sein, wie wir sind. Wir müssten nicht mehr groß und stark sein, wir müssten uns nicht mehr dauernd beweisen. Wir könnten die Welt wirklich wahrnehmen als Geschenk auf dem Hintergrund solchen Vertrauens. Eine derartige Welt ist eine »neue Schöpfung« (2 Korinther 5,17; Galater 6,15). Die Gewalt hat in ihr keinen Platz mehr. Das klingt naiv, aber es ist das Wesentliche unserer Existenz.

Das wollte ich gerade sagen: Das klingt naiv. – In der Zeit, in der ich das Kinderprogramm des ZDF verantwortet habe, habe ich mich manchmal in die Stadt begeben und mich einfach an den Rand eines Spielplatzes gesetzt, und zugeschaut wie Kinder miteinander umgehen. Ich habe wunderschöne Gesten der Zärtlichkeit gesehen. Aber auch heftige Kämpfe um einen Platz im Sandkasten oder an einem der Klettergeräte erlebt. Das möchte ich bei der Beschreibung kindlicher Existenz nicht aus dem Auge verlieren. Die Kinder sind nicht nur liebe Kinder.

Ja klar, Kinder sind nicht nur so, wie sie in den Bildern der Romantik geschildert werden.

Kann es sein, dass wir den Bildern der Romantik auf den Leim gegangen sind?

Auch. Diese Bilder haben wir uns zurechtgemacht in einer Welt, in der bis dahin sehr auf die Vernunft des Menschen gesetzt wurde. Und folglich war Gott auch für uns die Weltvernunft geworden. Und ebenso das Sittengesetz. Aber damit kann man nicht leben. Die Reaktion darauf war die Wiederentdeckung des Kindlichen. Des Unbewussten, des Emotionalen – als mindestens dem Menschen zugehörig. Im Unbewussten freilich sind auch die Unheimlichkeiten, die geschehen, wenn wir es ignorieren und verselbständigen durch Abspaltung.

Jesus hat die Kinder nicht in einem romantischen Sinn verklärt. Sie waren für ihn ein Symbol dafür, wie wir als Erwachsene sein sollten.

Das Spielen der Kinder hat noch eine andere Bedeutung: Kinder haben Zeit. Das Spiel will nichts erreichen. Es stellt sich ein durch das Tun. Es genügt sich selber in reiner Funktionslust.

Macht euch doch um den morgigen Tag keine Sorgen, sagt Jesus (Matthäus 6,33.34). Lernt, leicht, vertrauensvoll durch die Welt zu gehen! – So zu leben, ist tatsächlich die Art Jesu gewesen. Er hatte keine beruflichen Pläne. Er wollte keine Karriere machen. Er lebte von der Hand in den Mund. Wie Israel beim Auszug aus Ägypten auf dem Weg in seine Freiheit, in seine Bestimmung: Jeden Morgen war das Manna aufzusammeln zwischen den Steinen, und das reichte dann für den Tag (Exodus 16,4–5).

Eine romantische Einstellung gegenüber den Kindern blendet Wirklichkeiten aus, die auch zu den Wirklichkeiten der sogenannten Erwachsenen gehören. Mir ist da vieles zu »paradiesisch« gesehen. War es auch in der sogenannten »antiautoritären Pädagogik«, der letzten Jahrzehnte des vergangenen Jahrhunderts.

Wir sind beide über 70 Jahre alt, und wir wissen, was autoritäre Erziehung im Elternhaus ist. Dagegen wollte man die reine Freiheit setzen. Doch man hat nicht begriffen, dass das gänzliche Ungebundensein jedes Kind überfordern muss. Ein Kind braucht auch eine feste Hand, es braucht Orientierung, es braucht eine überschaubare Welt, die ihm ein Stück weit vorwegerklärt wird, damit es nicht in seinen Ängsten im Irrgarten der Wirklichkeiten sich verläuft. Auf eine solche Führung hat es sogar einen Anspruch. Das ist unvermeidbar in gewisser Weise autoritär, weil die Erwachsenen die Welt schon ein bisschen besser zu kennen glauben als das Kind. Sie haben dadurch aber auch eine Verantwortung für das Kind, die sie berechtigt, in Fehlverhaltensweisen einzugreifen. Das muss so sein. Ein Kind hat das berechtigte Verlangen, Eltern zu haben und nicht irgendwelche Übergangspersonen.

Das heißt aber nicht, dass man – anderes Extrem – auf die Kinder patriarchalisch herunterregiert. Das war lange Zeit in der Kirche so der Fall.

Es gibt einen klaren Ausspruch Jesu, der dann auch sofort kirchenkritisch verwendet werden kann – nachzulesen im 23. Kapitel des Matthäusevangeliums. – Man hat der Botschaft Jesu und der Religion überhaupt, speziell der jüdisch-biblischen, im Sinne Sigmund Freuds vorgeworfen, dass sie patriarchalisch, autoritär ist. Dementsprechend rigoros in den Erziehungsmitteln, die nicht zur Freiheit, sondern zur Schaffung von Abhängigkeit und Außenlenkung bestimmt sind. Das alles verbindet sich jedoch nicht mit dem Glauben, den Jesus von seinem Vater hat. Gott ist gerade für ihn nicht der Vater Freuds in »Totem und Tabu«. Er ist gerade nicht ein Maniak, der alle Frauen im Harem beansprucht und die Söhne totschlägt, wenn sie ihm in die Quere kommen. Er ist kein Popanz der Angstphantasien.

Wenn Jesus von Gott spricht, meint er genau die Widerlegung des Patriarchalismus. Und dass er das wirklich so meint, zeigt sich in den Worten: »Niemand von euch lasse sich Vater nennen! Ein Einziger sei euer Vater, der im Himmel ist!« (Matthäus 23,9). – Antipatriarchalischer kann man gar nicht sein.

Dann brauchen wir nicht mehr die Positionsrangeleien zu veranstalten, wer über den jeweils anderen steht. »Keiner ist euer Vater«, das ist ein wirkliches Wort Jesu.

Wie Jesus selbst als Kind aufwächst, kann man übrigens auch als Interpretation Ihrer Frage ansehen. Im 2. Kapitel bei Lukas wird erzählt, wie Jesus als Zwölfjähriger im Tempel bleibt und die Eltern, Maria vor allem, nach ihm suchen. Schließlich finden sie ihn, und er ist, laut Legende, frech genug zu sagen: »Wieso sucht ihr mich? – Ich muss doch da sein, wo mein Vater ist!« (Lukas 2,49). – Ihr könntet doch wissen, was ihr selber mir beigebracht habt. Ich lebe das jetzt gerade! Das sagt Jesus mit zwölf Jahren. Er ist als »Bar Mizwa«, als »Sohn des Gesetzes« gerade religiös selbständig geworden. Er findet Gott als seinen Vater und lässt damit Vater und Mutter als Erziehungspersonen hinter sich. Ab jetzt ist Gott die erziehende Größe für ihn, und es erfüllt sich, was die Eltern wollten. Und das Schöne an dieser Szene ist, dass er die Pharisäer, die Schriftgelehrten befragt (Lukas 2,46). Ich habe mir schon als Kind vorgestellt, was Jesus sie wohl gefragt haben könnte?

Vom erwachsenden Jesus vernehme ich, dass dies seine Fragen wohl schon mit zwölf Jahren waren: Da soll ein Mensch gesteinigt werden, weil er die Ehe gebrochen hat (Johannes 8,5; vgl. Deuteronomium 22, 22–24). – Ist das von Gott so gemeint? – Da wird ein Homosexueller getötet (Römer 1,26–27.32; vgl. Levitikus 18,22). – Ist das so gemeint von Gott? – Da wird der Mann, der den Sabbat bricht, getötet (Markus 2,23–28; vgl. Exodus 31,12–17). – Meint Gott das so?

Es gibt ein Jesuswort, ein Agraphon, leider nicht geschrieben im Neuen Testament: Jesus sieht jemand, der am Sabbat Holz trägt. Und sagt zu ihm: »Wenn du weißt, was du tust, selig bist du! Wenn du es nicht weißt, verflucht bist du!« Das heißt, wenn du einen Grund dafür hast, am Sabbat Holz zu tragen, weil deine Kinder hungern oder frieren, dann brauchst du das Holz. Dann brichst du ein Gebot Gottes im Namen Gottes, und Gott segnet dich dafür!

Ich vermute, so ähnlich hat Jesus begonnen mit zwölf Jahren: selbständig zu denken und auf Gott hin sich weiterzuentwickeln. So wird man erwachsen. Und eine Erziehung, die dahin führt, kann nicht ganz falsch sein. Mündigkeit im Namen Gottes ist das Gegenteil von autoritärer Zwangsreligion: Man verbietet alles, was mit Gefühlen zu tun hat. Man hat für alles eine feste Ordnung, eine Dauerschablone, man macht aus Gott einen Übervater, der wesentlich infantile Ängste verewigt. Man kann, meinte Freud, der Menschheit nur wünschen, dass es einen besseren Zustand des Bewusstseins gäbe.

Ich frage mich immer wieder, warum die Kräfte, die eine solche Welt verteidigen, in der Kinder nicht groß werden dürfen, so stark geblieben sind seit den Zeiten Jesu, also seit 2000 Jahren Christentum und Kirchentum? Warum gelang es, gelingt es immer wieder irgendwelchen »Verführern«, Kinder massenhaft in eine bestimmte Richtung zu zwingen?

Kein Mensch wird ein Kind erziehen, ohne dass er sich erinnert, wie er selbst erzogen wurde. Er wird die Mechanismen, die er gelernt hat, weitergeben. Er hat sie verinnerlicht. An ihnen hat er sich orientiert. Er ist streng erzogen worden. Also wird er sein Kind streng erziehen. Oder er hat es umgekehrt gelernt: Er will den Kindern ersparen, dass sie eine unglückliche Kindheit haben wie er selber. Und er wird daher genau das Gegenteil tun: Er wird antiautoritär erziehen und die alten Probleme auch hier wiederholen. Beide Richtungen haben im Prinzip dasselbe Ergebnis. In keinem Falle kann ein Mensch wirklich persönlich aus der Mitte seiner eigenen Ichstruktur handeln. Er hat ein Über-Ich und die Rebellion gegen sein Über-Ich. Eines von beiden. Diese Mechanismen müssen erst einmal freigearbeitet werden. Sonst läuft der Erziehungsstil automatisch ab – wie bei Tieren. In jedem Fall ist es wunderbar und eine große menschliche Leistung, wenn es einer Mutter, einem Vater gelingt, bewusst zu ihrer eigenen Kindheit Stellung zu nehmen und die Schäden von damals zugunsten ihrer Kinder auszufiltern.

16
Sagen wir es ganz simpel: Er hat sie nicht gefürchtet
Jesus und die Frauen

Ich möchte noch zu einer anderen Gruppe übergehen: Jesus und die Frauen. Das ist ja auch ein Reizthema im Blick auf die Praxis oder Nicht-Praxis der Kirche geblieben, bis heute. Welches Verhältnis, welche Beziehung hat Jesus zu den Frauen?

Sagen wir es ganz simpel: Jesus hat sie nicht gefürchtet. Das ist bei einer frauenfeindlichen Sexualmoral nicht ganz selbstverständlich. Jesus hat innerhalb des Patriarchalismus einen Weg gefunden, Frauen dankbar und gleichberechtigt zu begegnen. Die meisten haben das kaum realisiert; aber es ist eine der historisch sicheren Nachrichten über das Leben Jesu, dass er versorgt wurde von reichen Frauen (Lukas 8,1–3). Die Frauen waren Jesus nicht nur dankbar, an seiner Seite zu sein. Sie fühlten sich von ihm verstanden und haben alles getan, um ihn zu unterstützen. Und Jesus hat das gerne angenommen. Jesus war ein Freund der Frauen. Nicht nur ein Freund der Zöllner, der Sünder und der Huren (Matthäus 11,19; 21,31).

Es kommen andere Aspekte noch dazu, die im Neuen Testament auch zum Thema werden: Frauen werden nach jüdischem Verständnis alle vier Wochen durch die Menstruation unrein (Levitikus 15,19–24). Das ist im modernen Israel bis heute ein Thema! Dort macht eine Frau, wenn sie ihre Tage hat und sich auf einen Platz im Bus setzt, diesen Platz unrein auch für den, der sich nach ihr versehentlich dahin setzt.

Wenn es solche Probleme 2000 Jahre nach Jesus noch gibt, können wir würdigen, mit welch einer Kraft Jesus da hindurchgeht, wie wenn das alles nicht geschrieben stünde.

Es kommt eine Frau zu ihm, die sich dauernd unrein fühlt (Markus 5,25–34). Sie menstruiert ständig – Schmierbluten nennt man das im Volksmund. Sie hat kultisch nie ein Recht, sich mit Gott verbunden zu fühlen (Levitikus 15,25–27). Sie ist rituell ausgeschlossen. Was sie sucht, ist eine Liebe, die sie nicht ausschließt, nicht zurückweist. Jesus aber hätte laut Ritualgesetz die Pflicht, sie zurückzuweisen. Das erstaunliche ist, die Frau »stiehlt« sich ihre Gesundheit, indem sie in der Menge das Gewand Jesu berührt. Wie magisch! Sie glaubt, dass sie gesund wird, wenn sie ihn nur berührt. Jesus indessen dreht sich um und möchte, dass ihr »Diebstahl« öffentlich gemacht wird. Was sie sich zugetraut hat, war keine Magie, kein Diebstahl. Sie hat sich das Recht zugetraut, zu ihm zu kommen und ihn zu berühren. Das freilich ist ein Gesetzesbruch. Aber es ist richtig. Und dazu kann und soll sie stehen.

Man kann Jesus nur verstehen, wenn man die ritualgesetzlichen Schriftgelehrten beiseite tut, sie ignoriert. So vermeidet man, Menschen, die in Not sind, Unrecht zu tun. Wir müssen die Worte Gottes von Gott her interpretieren und nicht von der Rechthaberei der Theologen her. Wenn etwas anfängt, Menschen zu quälen, ist es nicht von Gott. Ganz einfach.

Und das gilt jetzt auch für das Verhältnis der Geschlechter zu einander. Die Menschen fragen, Markusevangelium, 10. Kapitel: Wie ist es mit dem Ehebruch? Mose hat uns erlaubt, Frauen wegzuschicken (Deuteronomium 24,1.3). Was hältst du davon? Und Jesus erklärt: Das hat Mose als Notverordnung ausgegeben eurer Herzensverhärtung wegen (Markus 10,2–9). Leute, die überhaupt nicht wissen, was Liebe ist, denen muss man Gesetze geben, damit sie ihre Lieblosigkeit in gewisse bürgerliche Ordnungen pressen können. Im Anfang war das wesentlich nicht so. Gott schuf die Menschen als

Mann und Frau. Sie sollten einander ergänzen (Genesis 2,18–25). Dann fragt man doch nicht, wie man eine Frau los wird, sondern wie man immer bei ihr bleiben könnte. Die Liebe trägt in sich die Sehnsucht nach lebenslanger Dauer. Die Gesetze beginnen immer da, wo die Liebe endet.

Ich möchte in die Frage nach dem Verhältnis Jesu zu den Frauen noch einen Aspekt einbringen, von dem ich glaube, dass er in der kirchlichen Sexualmoral, aber auch in der sogenannten bürgerlichen Moral, immer noch eine, wenn auch zuweilen versteckte Rolle spielt. Ich entdecke, wenn ich an manche Gespräche mit Zölibatären denke, die Angst vor dem weiblichen Geschlecht. Man hat Angst vor etwas Dunklem, das einen hineinzieht, ja verschlingt im Trieb. Man spricht auch heute nicht gerne darüber. Es ist ein stilles Tabu, mittendrin.

Absolut! – Die Hauptursache in der Fehlentwicklung, von der wir jetzt reden, liegt meines Erachtens darin, dass man die heilende oder erlösende Wirkung des Auftretens Jesu nicht mehr begriffen hat. Jesus wollte, wie wir die ganze Zeit betont haben, die Menschen befreien von der Angst, von den Verformungen ihres Daseins. Das ist nur mit großer Geduld, mit viel Zeit, nur von Person zu Person zu erreichen.

Wir haben in der Kirche aber eine große und strenge Ordnung, in der alles rasch verwaltbar, übersichtlich und schnell gehen muss. Vom Christentum ist im Wesentlichen eine bloße Morallehre übriggeblieben. Man hat jetzt einen Gott wie in den Tagen des Jeremia, der an sich vergibt und unendlich gütig ist, den aber durch Sünde zu beleidigen ein unendlich schweres Vergehen darstellt. Mit anderen Worten: Die Beziehung zu Gott ist reethisiert worden. Sie basiert nicht mehr auf Vertrauen, sondern auf korrektem, entlang den Gesetzen definierbarem Verhalten, das belohnt wird mit dem Himmel und bestraft wird mit der Hölle. Man hat aus Jesus einen »König der Könige« (Apokalypse 17,14; 19,16) gemacht, einen »Herrn der Herren«. Und später, in den Tagen des Kaisers Konstantin (reg. 306–337), wird aus ihm der Pantokrator, der Weltenherrscher.

Das, was noch übrig bleibt von dem, was Jesus sagen wollte, wird speziell im römischen Katholizismus, aber auch in der Orthodoxie, personalisiert in der Mutter Gottes. Jesus ist fortan der König, der ewige Richter am Jüngsten Tage, den die Mutter versöhnen muss mit uns, damit wir von ihm angenommen werden, Gnade finden. Das ist die Marienfrömmigkeit der katholischen Kirche in strengster Form.

Der nächste Schritt: Maria, die Madonna, hat Jesus ungeschlechtlich zur Welt gebracht. Sie wird dadurch auch vorbildlich im moralischen Sinn. Nicht nur in ihrer Güte als Mutter. Die Jungfräulichkeit Mariens wird zum Tugendideal. Und im Schatten davon haben wir eine Sexualmoral, die jede Sexualität ins Zweifelhafte setzt. Die einzige Rechtfertigung ihrer Existenz ist aus der Biologie genommen: Sexualität ist nötig, wenn Mehrzeller sich vermehren wollen. In der katholischen Sexualmoral werden so alle sexuellen Handlungen, alle freiwillig herbeigeführten Lusterregungen außerhalb der Ehe, vor der Ehe, nach der Ehe verboten und sind nur im Zusammenhang mit der Zeugung von Kindern, von Nachkommen erlaubt. So kann man die Enzyklika »Humanae vitae« Pauls VI., 1968, unter Mitarbeit von Karol Wojtyła, dem späteren Johannes Paul II., einordnen. – Die einzige schwere Sünde, die unter dem Moralgesetz der Kirche noch begangen werden konnte, war für Normalsterbliche nichts weiter als Ehebruch und Onanie. Man hat kleinen Kindern, Kommunionkindern, bereits beigebracht, dass man sündigen kann auf den Tod hin mit Höllenstrafe bei »unkeuschem Denken, Sehen und Fühlen, allein und mit andern«. Da hat die Kirche ihre ganze Macht ausgespielt. Hier war die Stätte ihrer absoluten Deutungshoheit des menschlichen Lebens. Das war eine einzige Anweisung zur neurotischen Erziehung.

Ich habe das als Kind und Jugendlicher voll abbekommen. Diese lebensfeindliche Rigorosität. Ich erspare uns Einzelheiten. Da könnten viele Männer und Frauen von ihren grausamen und grauslichen Erfahrungen berichten. Die Auswirkungen dauern in vielen Biografien bis zum heutigen Tag an. Und letztlich gibt es da auch unter- und oberirdische Verbindungen zur kirchlichen Missbrauchspraxis in Vergangenheit und Gegenwart. – Die Erinnerung an den Kaplan jedoch kann ich nicht verschweigen, der uns die Lossprechung von unseren Sünden nach der Beichte nur gewähren wollte, wenn wir beim Schuldbekenntnis mit dem sechsten der zehn Gebote beginnen würden. Das war die Bedingung. Weil, wie er sagte: »Das sechste Gebot ist das Wichtigste aller Gebote!«

Die Angst ist bis heute noch da. Sie wird unter modernem Gerede manchmal verdeckt. Aber ich begegne ihr immer wieder. Langzeitwirkung kann man das nennen. – »Frauen sind gefährlich«, hat mir vor kurzem ein älterer katholischer Pfarrer gesagt.

Die Verzweiflung als Reaktion darauf ist auch nicht harmlos. Die 68er haben das Ganze weggeschoben und eine neue Art von Konsumzwang kreiert. Das hat viele Frauen seelisch umgebracht. – Zu erkennen, dass etwas falsch war, kann unter Umständen einen langen Weg voraussetzen. Er müsste begonnen und begleitet werden.

Die Wirklichkeit hat längst ein anderes Wort gesprochen. Das Bußsakrament ist faktisch nicht mehr existent und wirksam. Die Beichtstühle sind leer.

Das ist eine konsequente Reaktion auf die vollkommene Veräußerlichung der Religion. An dieser Stelle ist längst eine mündige und integrative Entscheidung zwischen totalitärer

Außenlenkung und verantworteter Selbstbestimmung in Freiheit fällig.

Die Frage ist berechtigt: Wie kann man angesichts der befreienden Botschaft Jesu ein Korsett von moralischen Gesetzen ersinnen? Durch endlose Verbote hat man schließlich entpersönlichte, entmündigte, verschüchterte Menschen vor sich. Erwachsene, die nicht aufhören können, sich in den kindlichen Kreisläufen ihrer Selbstverurteilungen zu drehen.

Und dann kommen wir auch zu dem Problem, das Sie angesprochen haben: zu den Menschen, die fest an die Kirche glauben. So fest, dass sie sogar in den Dienst der Kirche als zölibatäre Priester treten. Sie verewigen das Madonnenideal, das sie anbeten. Sie verewigen die Sexualunterdrückung, unter der sie selber leiden. Sie identifizieren sich mit dem Vateranspruch, sich selber in Totalität zu kontrollieren.

Und nun kommt es zur Tragödie. Solche Menschen werden nicht erwachsen. Sie werden die verbotene Sexualität abspalten. Sie werden Kinder bleiben, die am Ende triebhaft beginnen, Kinder zu lieben, denen sie ja helfen möchten, aber in die sie sich am Ende so verlieben, dass die ungeheuerlichsten Taten geschehen können.

Ich habe das in der laufenden Debatte über die Missbrauchsfälle immer wieder gesagt: Ich kenne keinen Priester, der Priester wurde, um später Kinder zu verführen oder freie Bahn für seine Triebexzesse zu bekommen. Was sich ereignet, sind Tragödien bei Menschen, die genau das Gegenteil von dem gewollt haben, was dann geschah, aber ihre Absicht nicht verwirklichen konnten unter einem zwangsregulierten Moralanspruch seit Kindertagen speziell im Raum der Sexualethik.

Wir haben in ihnen Opfer vor uns. Opfer der Kirche selber.

Um sich selbst zu schützen, hat die Kirche diese Triebtäter in ihren eigenen Reihen vor der Öffentlichkeit bis in die Gegenwart hinein geschützt. Jetzt macht sie es gerade umgekehrt. Sie liefert sie aus mit Nulltoleranz. Selbst da, gerade da aber müsste sie lernen, eine Chance aufzugreifen, die sie im Rahmen der Botschaft Jesu hätte: Menschen, die schuldig werden, brauchen als allererstes einen Raum von Verstehen und Vergebung. Das ist eine Forderung an die Kirche selbst, die diese Leute dahingebracht hat, wo sie jetzt auf der Anklagebank oder im Gefängnis sitzen. Die Kirche müsste sich eingestehen: Sie sind nicht unsere Verräter. Sie sind unsere Opfer, die versucht haben, unseren Lehren zu entsprechen.

Sie sprechen jetzt von den Tätern?

Wir, die katholische Kirche, sind die Schuldigen an denen, die jetzt als Täter öffentlich in Erscheinung treten. Und dann könnten wir auch sagen: Dass wir sie schützen wollten vor dem Strafrecht, war motiviert von unserem Egoismus, uns als heilige und reine Kirche zu etablieren.

Die »reine Magd«! Die »Braut Christi«!

Ich sage: Die Nulltoleranz, die die Kirche jetzt an den Tag legt, ist erneut ein rechthaberischer Schachzug. Ohne Zweifel besteht ein Recht, dass Kinder nicht in die Hände von Sittenstrolchen fallen. Aber was wir jetzt machen, ist etwas ganz anderes: eine Rechthaberei über Menschen, die wir uns weigern zu verstehen. Wir sehen hier – angeblich – ganz klar: Wer so etwas macht, muss ein Schwein sein, gehört hinter Gitter, gehört streng bestraft. Wir haben inzwischen Gemeinden, wo die Predigt über Vergebung beantwortet wird, wie in Münster kürzlich, mit dem Exodus eines Teils der Gemeinde, der sich weigert, sich das anzuhören. Und wir haben keinen Ortsordinarius, keinen Bischof, der gesagt hätte: Ihr, die ihr hier sitzt, habt kein Recht zu verurteilen. Auch keinen gefallenen Priester. Er ist ein armer Mensch, ein »armes Schwein«

vielleicht in eurer Sprache, das aber Sehnsucht nach Vergebung hat. Und die kam Jesus uns zu bringen. – Das Furchtbare ist, dass wir, die Kirche, diese Menschen dahingetrieben haben, in einer verdrehten, unreifen Psychodynamik solche Taten zu begehen. An denen haben wir jetzt eine Aufgabe. Aber nicht, indem wir uns die Hände in reiner Unschuld waschen über die, die »uns« verraten haben. Als wären sie eine Heimsuchung Gottes an seiner Kirche! Wir machen derzeit bei der Selbstreinigung der Kirche die gleichen Fehler wie vorher, nur von einer anderen Richtung her.

17
Kein Mensch hat eine Verfügungsgewalt mehr über den anderen
Jesus und die Macht

Das Bild, das wir von Jesus haben, ist auch bestimmt davon, dass er keine Gewalt ausgeübt hat. Er wird dargestellt oft als das reine, unschuldige Lamm, das »Gotteslamm«. Ich kenne einen Jesus, der auch wütend, zornig wird.

Im zweiten Kapitel des Johannesevangeliums (2,15), hat Jesus Riemen zusammengeflochten, um die Händler aus dem Tempel zu vertreiben. Eine Zeichenhandlung.

Die Dinge, von denen wir reden, hängen zusammen. Ich baue jetzt mal dazwischen eine Brücke: Die Sexualmoral, die zur Unterdrückung zwang, bediente sich als Vorbild der Jungfrau Maria. Daraus hat man ein Dogma gemacht, das in sich Gewalt enthält, indem es zur Erlangung ewiger Seligkeit gegen jede Vernunft etwas zu glauben vorschreibt, das unglaublich ist, doch im Namen der Kirche geglaubt werden muss: Eine Frau gebiert wunderbarerweise ein Kind, bleibt aber biologisch jungfräulich vor, in und nach der Geburt. Die Folge: Man erlebt, dass einer der Gründe, warum die ganze christliche Botschaft unglaubwürdig geworden ist, an der Dogmatisierung von Tatsachen hängt, die nicht als Symbole vermittelt werden.

Wie es zur Gewaltfreiheit kommt, ließe sich am Beispiel der jungfräulichen Geburt ganz gut verdeutlichen. Die jungfräuliche Geburt Mariens hat symbolisch einen guten Sinn. Sie soll, als Bild genommen, sagen: Man kann Jesus nicht verstehen, wenn man ihn als Sohn von Maria und Josef erklärt: biologisch als Produkt der Gene, soziologisch als Produkt der Milieuumstände, psychologisch als Produkt der Erziehung.

Die jungfräuliche Geburt ist im Übrigen ein religionsgeschichtlich begründetes Bild, das zeigt, wie der Pharao der Ägypter als absoluter Herrscher zur Welt kommt. Da wird der Sendbote des Gottes Amun zur Königinmutter geschickt, und von ihm gebiert sie als Gottessohn das Kind. Das erfährt man freilich erst, wenn der Pharao den Thron besteigt. Die Zeugung selber, der biologische Zustand der Mutter sind dabei völlig uninteressant. Man missversteht ein über 4000 Jahre altes Bild der ägyptischen Religionsgeschichte, benützt es, um Jesus zu interpretieren, und man macht daraus eine Moral, die die Menschen vergewaltigt.

Und jetzt unmittelbar zu Ihrer Frage: Jesus wollte nicht Weltherrscher werden. Er wollte die Menschen frei machen. Das war und ist so neu, dass man ihn nicht mehr aus dem Gang der Geschichte verstehen kann, sondern nur von Gott her. Das sagt uns das Bild von der jungfräulichen Geburt: Der Mann aus Nazareth ist ein reines Wunder. Man kann das am besten verstehen, wenn man das, was er sagt, in sich selber aufnimmt.

Im dritten Kapitel des Johannesevangeliums, im Nikodemusgespräch (Johannes 3,1–13), sagt Jesus: Glauben heißt, neu zur Welt zu kommen, wiedergeboren zu werden aus Geist, von innen her. Alles ist da frei, alles ist offen – durch Vertrauen. Und darauf sagt Nikodemus: Das geht doch gar nicht! Wie kann ein Mensch noch einmal zur Welt kommen? Jesus aber entgegnet: Darum geht es gerade! Das Alte hat ein Ende! Wir gießen nicht neuen Wein in alte Schläuche (vgl. Markus 2,21–22). Es fängt neu an! Und dann kommt das schöne Wort: »Du hörst den Wind, wie er rauscht. Aber du weißt nicht, woher er kommt und wohin er geht. Denn der Geist weht, wo er will!« (Johannes 3,8). Schöner kann man diese neue Existenz einer vollkommenen Freiheit nicht ausdrücken. Das ist das Ende aller Macht. Kein Mensch hat eine Verfügungsgewalt mehr über den anderen.

Und wie das gemeint ist, zeigt sich dann erneut im Evangelium des Markus, 12. Kapitel (Markus 12,13–17). Da bringt man eine Steuermünze zu Jesus und fragt, ob man damit bezahlen darf. Darf ein Jude den römischen Kaiser, dessen Truppen als Besatzungsarmee im Lande stehen, noch mit Steuermitteln unterstützen? Darf man Heiden überhaupt dulden auf geweihtem, heiligem Boden? – Jesus sagt, das sind zwei Dinge: Das eine ist, dem Kaiser gehört das Geld. Mit ihm treibt ihr Handel, zieht Profit daraus. Also gehört das Geld dem Kaiser. Das ist nicht zu leugnen. Nur nach einem habt ihr gar nicht gefragt, und das ist das Wichtigere: Wem gehört ihr denn selber, als Menschen? Gott hat sein Bild in euer Herz geschrieben. Darum gebt dem Kaiser das, was ihm gehört! Das ist Geld und Äußeres. Ihr aber gehört Gott. Alles andere ist relativ. Wonach ihr nicht fragt, ist bezeichnenderweise das Wesentliche. Ihr seid frei, ob der Kaiser im Lande ist oder nicht. Wir müssen die römischen Legionen oder Kohorten nicht bekämpfen. Sie sind da. Wir hingegen sollten ihnen bei bringen, welche Menschlichkeit darin liegt, als Juden an Gott zu glauben.

Und dann erzählt Jesus, was man macht, wenn jemand fordert, zwei Meilen Weges mit einem zu gehen (Matthäus 5,41). Ich interpretiere die Stelle einmal militärisch: Ein Legionär weiß nicht, wo seine Kaserne ist, und will einen Juden mit vorgehaltener Lanze dazu zwingen, ihm den Weg zu erklären und ihm vielleicht auch als Gepäckträger zu dienen. Das bringt euch auf und empört euch. Aber: Denkt einmal anders herum: Der Mann weiß den Weg nicht und hat vielleicht sogar Angst. Mach also einfach, was er von dir verlangt: Du redest mit ihm, zeigst ihm, wo er hingehört. Am Abend gehen in diesem Römer merkwürdige Gedanken vor sich: Wenn ein

Jude so ist, was machen wir römischen Soldaten dann hier eigentlich als Landbesetzer? Heute hat mir ein Jude gezeigt, was ein freier Mensch gegenüber Gott ist.

Ja, die Sehnsucht in einer Welt ohne Gewalt zu leben, hat, ausgesprochen und unausgesprochen, fast jeder Mensch. – Aber mir schoss, Ihnen zuhörend, gerade der Satz von Bertolt Brecht (1898–1956) durch den Kopf. »Das Gute, wer hätt's nicht gern, wer möcht's nicht gern? Aber die Verhältnisse, die sind halt so!«
Die Frage bleibt bei mir: Was müsste es geben, was müsste, sollte sein, damit sich die alte Ordnung wirklich ändert, damit sie ein für alle Mal verschwindet?

Es braucht eine Vision, die eine neue Sicht eröffnet auf eine neue Zukunft des Menschen. Wie käme es, wenn Bert Brecht einmal begreifen könnte, dass Jesus die Unterschiede unter den Menschen von gut und böse, von arm und reich vollkommen aufgehoben hat?
Die Änderung der Welt kommt sicher nicht dadurch zustande, dass man die Reichen totschlägt, um die Armen reich zu machen. Das wäre wieder eine Wahnsinnswelt der Gewalt. Nichts an Freiheit wäre gewonnen.

Die Revolution frisst ihre Kinder!

Und man muss dem deutschen Dichter Bertolt Brecht widersprechen. Sein Weltbild mutet realistisch an. Aber die Religion, die er darin untergehen lässt, ist im Sinne Jesu total anders. Und sie allein könnte und muss aus dieser Welt der Gier und der Gewalt befreien, indem sie uns bei der Hand nimmt und zu uns selbst, nach Hause, führt.

18
Der Einzelne ist die Kategorie des Christlichen
Ämter, Strukturen, Dienste in der Kirche

Im Blick auf den Umgang Jesu mit Macht und Gewalt ist auch eine Perspektive nicht zu übersehen: die Frage der Strukturen einer Gemeinschaft, einer Glaubensgemeinschaft, die Frage der Ämter und Dienste also. Von Jesus her gesehen, scheint mir bei diesem Thema einiges schiefgelaufen zu sein in der Geschichte des Christentums und in der Geschichte der Kirche.

Schön wäre es, wenn man ohne die meisten von ihnen auskommen könnte. Aber andererseits ist auch klar, dass es ohne Strukturen in einer Gemeinschaft nicht geht. Aber dass das Amt alles zu befehlen hat und sich anmaßt, es in einer rigorosen und überwiegend von juristischen Kriterien bestimmten Weise zu können, das kann es auch nicht sein.

Beginnen wir noch einmal am Kern. Die ganze Schwierigkeit liegt darin, dass die Welt nicht so ist, wie wir sie im Sinne Jesu haben wollen. Und schon bekommen wir schlotternde Knie, ob wir denn es überhaupt wagen sollten, anders zu sein. Im Grunde hängen wir uns immer zuerst an die Bestätigung der Außenwelt. Wenn die in Ordnung ist, dann können auch wir in Ordnung sein. Wir denken von außen in Richtung auf uns selbst und zudem noch erfolgsorientiert in die Zukunft. So hat Jesus nicht gedacht und gehandelt. Er hatte keine Karrierestrategie. Wenn man es äußerlich betrachtet, war seine Daseinsumkehr, seine Botschaft von der Wirklichkeit und Wirksamkeit Gottes in unseren Herzen, ein Desasterkonzept. Aber der Mann, der in zwei Jahren bis zum Kreuz gegangen ist, hat alles richtig gemacht. So sieht es für jeden aus, der Jesus in einer christlichen Existenz folgen will. Eine solche beginnt nicht in großen Gruppen oder Gemeinden. Sie beginnt bei jedem Einzelnen. Auch an dieser Stelle gebe ich Sören Kierkegaard ganz recht: Man muss die Herde auseinandertreiben. – Der Einzelne ist die Kategorie des Christlichen.

Jesus versteht sich gerade in diesem Sinne als Prophet. In ihm und durch ihn redet Gott. Er leiht ihm seine Stimme.

Der gerufene Rufer!

Propheten machen ihre persönliche existentielle Erfahrung zur Grundlage des Religiösen. Sie leben in einer radikalen Einsamkeit, die sich langsam erst vermittelt, indem sie sich beglaubigt. So beginnt es.

Denken wir, um ein geschichtliches Beispiel zu geben, an Martin Luther (1483–1546). Man verbindet die Reformation zumeist mit dem Thesenanschlag an der Schlosskirche in Wittenberg im Jahr 1517. Der wahre Augenblick des Martin Luther aber war der Frühling 1521 in Worms. Da steht er ganz allein vor Kaiser Karl V. (reg. 1519–1556) und vor den Kardinälen. Und er hat nichts, um das zu beglaubigen, was er will. Außer sich selbst. Allein. In Treue zu Gott und seinem Vertrauen zu Gott. Das Ergebnis ist, dass Karl V. protokollieren lässt: »Es will mir nicht erscheinen, wie ein einzelner Mönch recht haben könnte gegen die ganze Christenheit.« Das aber war der Versuch Luthers, zu den Ursprüngen zurückzukehren: 1500 Jahre Kirchengeschichte können ein einziger Schwindel sein. Eine stetige Entfernung von der Bergpredigt. Man muss als Einzelner im Vertrauen auf Gott von vorne anfangen. Immer wieder. – Was daraus wurde in der evangelischen Kirche, ist freilich schon wieder etwas anderes. Aber an dieser Stelle, in Worms, hat es gestimmt.

Und jetzt fragen Sie, wie es denn weitergehen soll mit der gegenwärtigen Kirche? Wie lässt sie sich in eine Jesus gemäße Form bringen? Wie lässt sie sich organisieren?

Das ist das Problem jedes neuen spirituellen Aufbruchs. Irgendwann kommen die Ordner und machen aus dem Gold des Geistes feste Formen. Und am Ende hat man das Gold als Zierrat zum Mitnehmen. Handlich und in kleinen Portionen.

Wie in aller Religionsgeschichte besteht die Gefahr, dass das Ganze in einem fatalen Dreischritt geschieht: ein glühender Aufbruch, ein langsames Erkalten in erstarrten Formen und dann ein Weiterreichen im Äußeren, unter gleichzeitiger Entwertung des Innerlichen.

Die Kirche ist ohne Zweifel genau in diesen Prozess hineingegangen.

Nehmen wir nur zwei Beispiele.

Das Römische, von Luther Abgelehnte, ist die Idee eines Heiligen Vaters; seit 1870 eines unfehlbaren Heiligen Vaters, eines Papstes. Wir haben schon gesagt: Das ist ein klarer Widerspruch zu Matthäus 23: »Kein einziger von euch lasse sich Vater nennen. Schaut auf Gott! Der ist euer Vater.« In der Kuppel von St. Peter taucht Petrus auf als Heiliger Vater. Die Wahrheit jedoch ist eine erschütternd andere.

Nehmen wir einmal an, Jesus hätte seine Kirche auf die Person des Petrus gebaut. Mit wem haben wir es dann zu tun? Das wird beschrieben im fünften Kapitel des Lukasevangeliums, in der Erzählung vom reichen Fischfang (Lukas 5,4–11). Der Fischfang ist das Bild für ein Leben, in dem man sich fleißig und routiniert Mühe gibt, in das aber kein Inhalt hineinkommt. Und dann treffen am Morgen die Jünger auf Jesus. Der befiehlt ihnen, dasselbe nochmal zu tun. Aber mit Bewusstsein, mit innerer Beteiligung, mit Sinn und Berufung. Dann ist das Netz übervoll. Als Petrus das sieht, fällt er zu Boden und bittet Jesus wegzugehen. »Geh von mir weg! Ich bin ein sündiger Mensch«. – Das ist der Grund für die Berufung des Petrus.

Jesus setzt seine Botschaft auf die Erfahrung eines Mannes, der zutiefst begreift, wie gefährdet, wie unsicher sich selber gegenüber, wie hilflos und vergeblich er als Mensch sein kann. Auf einen solchen setzt Jesus. In einer unglaublichen Güte, die sein Scheitern, seinen Verrat miteinbezieht (Johannes 18,25–27). Nichts wird verurteilt. Jeder ist und kann so sein, wie er ist. Rangstrukturen, die sich immer wieder bilden, werden gerade dadurch abgebaut, werden bewusst gemacht. Strukturen werden flexibel gehalten. Der menschlichen Wirklichkeit angepasst. So geschieht Leitung. Wie in Therapiegruppen, in denen die Rollenverteilung im Hören auf einander ständig wechselt. Das ist etwas total anderes als Machtausübung im alten Stil.

So könnte ich mir vorstellen, dass kleine Gemeinden entstehen, in denen sich der Horizont des Vertrauens und des Verstehens immer mehr erweitert.

Und eines ist auch klar: Das neue Menschsein, das Jesus einbringt, ist das Ende der kirchlichen Dogmatik. Die Wahrheit Gottes, die Jesus vermittelt, spielt sich im Seelischen ab und nicht im historisch Faktischen oder im objektiviert Dogmatischen oder im Rechtlichen. Sie ist ein Weg zu existentieller Wahrhaftigkeit.

Eine der strengsten Formen kirchlicher Machtausübung besteht demgegenüber darin, festzulegen, in welchen Begriffen, in welchen Formeln, in welchen Lehrsätzen man »Christus« richtig bekennt.

Das geht ja so weit, dass Kardinal Müller festlegt: Es gibt nur eine Gruppe in der Kirche, die das Evangelium verbindlich und richtig auslegen kann: die Bischöfe.

Das ist so geworden, weil durch die Verfestigung in hierarchischen Strukturen ein Zusammenleben von Gruppen nicht mehr vermittelt, sondern mit Titelanspruch und hierarchischer Versteinerung auf Dauer gestellt wird.

So hat man einen absoluten Machtanspruch im Namen Gottes.

Und eine fatale Entfremdung. – Jetzt haben wir wirklich wie im antiken Staat, dem Jesus entkommen wollte, einen Pharao, eine Beamtenschaft und eine Menge Untertanen. Alle Bürger dieses Staates, der die Kirche Roms ist, sind zuerst gehorsamsverpflichtete Untertanen, nicht Menschen, sondern befehlsausführende Maschinen. Die obrigkeitliche Apparatur dient nur der Selbsterhaltung. Sie will bis in die Herzen hinein herrschen. Ja, sie wagt diese Papageienfrömmigkeit der fertigen Redensarten mit Glauben gleichzusetzen.

Es mag zynisch klingen: Man muss ja gerade froh sein, dass immer mehr Monschen heute angesichts dessen, was sich als Kirche zeigt, klar und deutlich bekunden durch ihren Austritt: Das interessiert mich nicht mehr. Das hat nichts mit meinem Leben zu tun. Die Frage ist begründet: Was tritt an dessen Stelle?

Wir machen dieses Buch, weil mir an den Menschen liegt, die von der Kirche daran gehindert werden, im Sinne Jesu zu Gott zu kommen. Sie dürfen nicht allein gelassen werden. Deshalb machen wir beide dieses Buch, Herr Albus. Die Menschen tun mir leid. Mir geht es nicht um eine Kirche, die sich derart falsch verhält. Sie muss an der Botschaft Jesu selber lernen, was sie meint, wenn sie so wie derzeit von Jesus spricht.

Kann sie noch lernen? Ist sie noch lernfähig? Oder nur noch in sich selber verrannt und vernarrt?

Ich versuche gerade die Verirrungen der Kirche zu differenzieren. Es war nicht alles schlecht, was aus ihr herauskam und das Licht der Welt erblickte. Aber: Natürlich ging es ihr um Herrschaftsbesitz. Bis ins Innerste der Seelen der Menschen hinein. Schlimmer als jeder Herrscher im Absolutismus es kann, hat es gemacht und macht es die Kirche. Sie hat nicht nur die Herrschaft über die Seelen der Menschen beansprucht. Sie hat ihren Machtwillen auch ausgedehnt auf weltliche Geschäfte. Es gibt im ganzen Mittelalter einen christlichen Kaiser nur, wenn ein Papst ihn eingesetzt hat. Die Kirche hatte Macht auch über die Macht auf Erden. So etwas kann keinen Frieden schaffen. Das war und ist ein totaler Verrat an Jesus, nicht nur ein Missverständnis. Es ist aber das Possenstück, das man heute als das »christliche Abendland« betrachtet. Die Kirche hätte allen Grund dazu, das zu begreifen. So gesehen ist bereits die mittelalterliche Kirchengeschichte eine einzige Horrorveranstaltung.

Ich denke, wir hören damit auf. Mir geht es jetzt um die Frage angesichts des historischen Horrors: Wie sähe unter den heutigen Bedingungen ein Leben aus dem Geist Jesu aus? Welche Konturen hätte eine Kirche, die Jesus nicht verrät?

19
In den Herzen ereignet sich die Wahrheit, nicht in dogmatischen Behauptungen
Konturen einer Kirche, die Jesus nicht verrät

Der Unterschied ist jetzt der schon bekannte: Jesus verkündete das Reich Gottes. Und wie verkündigen wir Jesus in einer Sprache, die verständlich ist jenseits der kirchlichen Dogmatik?

Noch einmal: Es geht nicht darum, in der reinen Kritik zu verbleiben. Wir wollen vielmehr anhand von bestimmten wichtigen Bereichen und konkreten Fragen die Umrisse einer Kirche beschreiben, die sich dem Vorbild Jesu immer mehr annähert.

Viele Menschen verlassen heute die Kirche auf Grund der Symptome, die sie zeitigt. Sie scheint durch die Missbrauchsdebatte um jeden Kredit gebracht. Sie scheint unaufrichtig und unwahrhaftig zu sein. Sie scheint ihre eigenen gesellschaftlichen Vorteile auszunutzen. Sie hat zu viel Geld. Das ist ein Vorwurf, den man der Kirche jetzt schon über 800 Jahre macht und machen kann. Sie ist nicht die Kirche Jesu, schon in der ganzen Art, wie sie sich selber bedient und sich verweigert, den Menschen zu dienen.

Ein Punkt wird in der ganzen Debatte aber meistens ausgeschaltet: Die gesamte Sprache, die Form der Lehre, die Theologie selber hat sich verfestigt und versteinert in bestimmten Begriffen und Lehräußerungen, die in sich als verbindlich gelten, von den Menschen aber nicht mehr verstanden werden können und eher irritieren als weiterhelfen.

Wir haben eingangs gesagt, dass Religion daran gebunden ist, sich selber symbolisch zu verstehen, sonst vertut sie sich an Aberglauben, an Magie, an falsches Fürwahrhalten von Äußerlichkeiten, die ideologisch als göttlich interpretiert werden.

Die Geschichte der christlichen Theologie zeigt, dass sie versucht hat, die Person Jesu als ein göttliches Geheimnis in Begriffe zu kleiden, die sich von der Sprache und der Denkart des Juden Jesus weit entfernt haben.

Jacob Burckardt (1818–1897) hat einmal gesagt, dass es unmöglich ist, eine Seite Platon (428–349) ins Hebräische zu übersetzen.

Genauso könnte man sagen, dass es eine Wesensverfremdung der Botschaft Jesu ist, wenn man sie in griechische Metaphysik einzukleiden versucht. Aus Gründen, die im zweiten und dritten Jahrhundert nach Christus verständlich waren, hat die Kirche aber genau das getan. Sie hat versucht, das Geheimnis des Jesus von Nazareth in griechischen Kategorien zu beschreiben. Dabei herausgekommen sind die Formeln, die heute von jedem, der im kirchlichen Sinne als Christ identifizierbar sein will, ausgesprochen werden müssen. Als Ausdruck letzter Wahrheit soll das gelten. Da ist Jesus ein Gottmensch, der in der göttlichen und menschlichen Natur kraft seiner göttlichen Person die zwei Naturen einigt. So auf dem Konzil in Chalcedon (451). Er ist als göttliche Person die zweite Person der dreifaltigen Gottheit. Das alles muss man glauben. Darin besteht der Hauptunterschied des dogmatischen Christentums im Kontrast zu den Muslimen und den Juden.

Jesus von Nazareth hätte diese beiden ihn betreffenden Dogmen selber nicht verstanden. Dazu gehört eine Denkgeschichte von 300 Jahren, um in philosophischen Begriffen Person und Natur voneinander zu unterscheiden. Das ist im Hebräischen nicht möglich. Aber es ist auf Griechisch möglich. Nur: Man kann doch nicht die Denkgeschichte einer ganz bestimmten Kultur zur Glaubensvoraussetzung erklären!

Mehr noch: Man hat mit rationalen Begriffen die Botschaft Jesu und seine Person zu beschreiben versucht und damit den wirklichen Grund des Glaubens verändert. Wenn Jesus im Neuen Testament von Glauben spricht, meint er Vertrauen. Das hebräische Wort dafür ist »emuna«. Das ist das »Amen«, das fast jeder am Ende eines Gebetes sagt. Das heißt: Mein ganzes Vertrauen lege ich darin hinein, dass es stimmt und dass es DIR, GOTT, in die Hände gegeben werden kann. Dass ich ganz damit einverstanden bin.

Aus diesem Begriff der existentiellen Identität im Vertrauen ist unter dem Glaubensbegriff der Kirche griechisch ein Fürwahrhalten von vermeintlich objektiv zu lehrenden Inhalten geworden. Die Person spielt bei der Frage der Glaubwürdigkeit jetzt kaum eine Rolle mehr. Es heißt fortan nicht mehr: Ich glaube dir. Sondern: Ich glaube, dass. Dann geht es nur noch um Inhalte, die man für wahr halten muss, nur noch um Rechtgläubigkeit. Dadurch verschiebt sich die ganze Existenz. Jetzt haben wir eine Form von Glauben, die immer wieder in Verdacht gerät, sich an der Wahrheitsfrage vorbeizuschleichen. Es geht fortan wesentlich um die Differenz zwischen Glauben und Wissen.

Das Gefühl der neuen Zeit kommt auf, bestimmt von den faktenorientierten Naturwissenschaften: »Gott ist tot«, wie G. W. F. Hegel (1770–1831) bereits 1802 sich ausgedrückt hat. Johann Gottlieb Fichte (1762–1814) konnte in seiner »Wissenschaftslehre« sagen: Der Dogmatismus ist ein Nihilismus, der seiner nur noch nicht geständig ist. Das ist der Zustand der kirchlichen Dogmatik heute. Man verordnet Wahrheiten, an die man glauben muss. In dieser Art von Glauben im Kirchenraum gibt es indessen keine wissbaren Beweisbarkeiten. Thomas von Aquin (1225–1274) sagte im 13. Jahrhundert: Glauben ist ein Akt des Verstandes, befohlen vom Willen. Wenn es so ist, wird der Glaube mit dem Fortschritt des Wissens aussterben.

Und schlimmer noch: Man hat innerhalb der Dogmatik die Person Jesu ins Metaphysische gesetzt und damit aus Beziehungsaussagen zwischen Mensch und Gott oder zwischen Mensch und der Person Jesu Wesensaussagen gemacht, die objektiv, unabhängig von der Person, eine Wahrheit statuieren sollen, die an und für sich gilt. Das führt dazu, dass die Eltern ihren Kindern in der Sprache der Kirche nicht mehr erklären können, was sie tröstet in ihren Krisen im Leben, dass die Pfarrer auf den Kanzeln die Kirchen leerreden mit Begriffen, die nicht vermittelbar sind, dass die Lehrerinnen und Lehrer in den Schulen hilflos der Kirchensprache unter Kirchenaufsicht bei Bezahlung des Staates verpflichtet sind, ohne dass irgendetwas, das in den Seelen oder in den Lebenserfahrungen der Kinder und Jugendlichen entscheidend sein könnte, zur Sprache käme oder sich vermitteln ließe. Also ist es dringend notwendig, den gesamten Dogmenapparat der Kirche auf Existenzerfahrungen zurückzuführen.

Ist das nicht eine aussichtslose Geschichte?

Nein, das ist es nicht. Weil das, was die Kirchen sagen möchten, immer noch begreifbar ist. Nur, man muss es gegen ihren Lehranspruch durchsetzen. Da habe ich große Hoffnungen, weil der ganze Lehrapparat dabei ist, zu kollabieren. Man versucht es zwar noch mit künstlichen Mitteln aufrechtzuerhalten: mit Professoren in C4-Gehalt, die so unterrichten, wie es vorgeschrieben ist. Ihre Lehrinhalte sind »objektiv«, ungeachtet davon, ob der Dozent der Theologie selber daran glaubt oder nicht. Er muss lediglich sagen, was die Kirche sagt und wie man das im kirchlichen Sinne zu verstehen hat. Da folge ich wieder Kierkegaard, der sinngemäß gesagt hat: Wer die Religion in Religionskunde verwandelt, in ein äußeres Wissen, der ist ein Wegbereiter zum Atheismus. 160 Jahre später erleben wir heute genau das.

Im Raume der Theologie verhält es sich anders als im Bereich der Faktenwissenschaften. Wer von Gott spricht, der spricht über seine eigene Existenz. Und es kommt sehr darauf an, wer er als Person ist. – Der Unterschied ist absolut: Wer Albert Einstein (1879–1955) als Person war, ist vielleicht historisch interessant, spielt aber für seine Äquivalenzgleichung von Energie und Materie keine Rolle. So in den Naturwissenschaften. In der Religion aber geht es um die Person, um ihre Existenz, und nichts in ihr ist wahr, was nicht durch die Passage des Subjekts gegangen ist.

Warum hat die Kirche nicht die Kraft dazu, ihre Sprache endlich zu ändern im Sinne der Vermittelbarkeit existentieller Fragen?

Sie hat mit dem Status quo zwei Vorteile. Der eine: Die Wegnahme des Subjekts bietet eine objektive Scheinsicherheit. Man hat eine Lehre, die für alle unbedingte Geltung beansprucht. Unabhängig von der Person. Die Garantie für die allgemeine objektive Gültigkeit bietet die Kirche. Darin hat sie ihre Macht gleich doppelt. Sie kann zum einen mit Hilfe der Dogmatik das Bewusstsein beliebig vieler Mitglieder homogenisieren. Sie konnte 325 auf dem Konzil von Nizäa unter Kaiser Konstantin (reg. 325–337) für das gesamte römische Imperium die richtige Glaubensform bestimmen und damit alle Untertanen gleichschalten. Wenn sie so sprachen, wie es die Kirche vorgab, dann waren sie Kirchenmitglieder. Sonst nicht. Das ist identisch mit Entfremdung und Entpersönlichung. Man hat damit aus der Beziehung zu Gott einen Sprachfetisch gemacht, den man nur noch rezitieren muss, um entsprechend identifizierbar zu sein als korrektes Kirchenmitglied.

Der andere Vorteil ist: Man hat mit dieser Scheinsicherheit einen Verwaltungsanspruch und einen Monopolanspruch, der die Stellung des Individuums im Kollektiv betrifft. Denn wie man Gott richtig bekennt, das kann die einzelne Person jetzt gar nicht mehr wissen. Das kann nur noch der Lehrapparat wissen. Und darin die Amtsträger.

Das ist der nächste wirklich üble Schritt, dass man aus etwas, das ganz und gar der persönlichen Beziehung gilt, eine Titelvergabe mit bestimmten Ämtern macht. Die Person hinter dem Amt kann sein, wer sie will. Wenn sie das Amt eines Bischofs oder eines Papstes hat, dann ist sie befugt, im Namen Gottes zu garantieren, was die göttliche Wahrheit ist.

Uralt: opus operatum. Es ist gleichgültig, welche – männliche – Person die Sakramente spendet. Sie muss nur geweiht und gehorsam sein.

Es entsteht ein immer weiter entfalteter Apparat. Dabei ist die Spaltung absolut. Die katholische Kirche gibt sich unfehlbar, weil der einzelne Mensch als Person immer fehlbar ist. Deshalb brauchen wir die kirchliche Lossprechung von den Sünden, die von den Einzelnen begangen werden. Das ist möglich, weil die Ämter von Gott gesetzt sind. Das Göttliche der Kirche objektiviert sich in den Institutionen und Ämtern, die als vom Heiligen Geist eingerichtet geglaubt werden sollen, und das Menschliche verbleibt als das Fehlbare; um es vor Irrtum zu bewahren, muss man es entsprechend indoktrinieren, mit dem Ergebnis, dass die Wahrheit Gottes zur Unwahrheit des Menschen wird, das Geistige zum Ungeistigen, das Befreiende der Botschaft Jesu zur Entfremdung des Persönlichen.

Ich habe diese Anmaßung nie verstanden. Und auch nie wirklich akzeptieren können.

Wie denn auch! – Im Grunde muss man jetzt an den Amtsträger glauben. Was immer er sagt, ist richtig, weil er es sagt. Ob er selber versteht oder lebt, was er sagt, ist völlig uninteressant. Es geht am Ende um einen Gehorsam gegenüber Machtstrukturen, nicht gegenüber Gott. Das ist ein Widerspruch, der die Person zwischen Amt und Person spaltet. Am Ende steht die absolute Nivellierung des Unterschiedes zwischen Gott und Mensch in kirchlichem Amtsbesitz.

Wenn wir eben noch sagten, man müsse Religion symbolisch, dichterisch, ja musikalisch und malerisch vermitteln, hätten wir nach kirchlich bestimmtem Selbstverständnis zu viel Subjektives, noch zu viel Spielraum des Mögens und des Meinens. Man braucht kirchlich Wahrheiten, die »an und für sich«, die »objektiv« gelten.

Auch das, was Jesus nach der Darstellung der Evangelisten getan hat, kann in diesem Sinne nur objektiv wahr sein, wenn es wirklich geschehen ist. In Raum und Zeit. Historisch also. Das Wahrheitskriterium der christlichen Dogmatik in ihren Kerninhalten behauptet eine Wahrheit, die nur Bestand hat, wenn etwas objektiv in Raum und Zeit geschehen ist.

Damit sind wir bei einem der Hauptgründe, die die Menschen, die sich überhaupt noch an der Kirche orientieren wollen, in die Glaubenslosigkeit und in den Atheismus treiben.

Wir hatten vorhin bereits das Beispiel mit der jungfräulichen Geburt. – Zwei Aussagen sind zentral für das Christentum. Ohne sie gibt es kein Christentum. Die eine beschreibt, wie Jesus zur Welt kommt an Weihnachten. Die andere, wie Jesus am Kreuz stirbt und aufersteht an Ostern. Und dieser zweite Punkt ist noch weit wichtiger als der erste. 2000 Jahre lang bemüht sich das Christentum zu sagen, der Glaube an die Auferstehung sei die Grundlage unseres ganzen Lebens.

Das Faktum aber ist: Immer weniger Menschen in der Kirche glauben daran. Religionslehrerinnen und Religionslehrer sagen mir, wenn jemand an die Auferstehung glaubt, dann ist es ein Muslimkind. Für die andern ist das kirchliche Zentraldogma völlig fremd.

Wir haben darüber hinaus Theologiedozenten, die sagen: Ein Leichnam kann nicht auferstehen, ein Grab kann nicht leer sein. Es gibt inzwischen Prediger, die genau das am Ostermorgen sagen und stattdessen vom Weiterleben im Weltganzen oder in den Genen reden.

Was aber wäre denn, wir würden die Bibel einmal so interpretieren, wie sich selber ausdrückt, statt sie zu objektivieren? – Wir sprachen schon davon, wie Maria von Magdala am Ostermorgen zum Grab Jesu kommt und dort zwei Engel sieht, die sie trösten (Johannes 20,1.11–18). – Noch behauptet die kirchliche Dogmatik: Ostern zu glauben bedeute, an das Wunder des leeren Grabes zu glauben. Die Bibel aber erzählt, dass das Grab nie leer war. Was Maria von Magdala sah, war ein Grab, das von zwei Engeln bewohnt war. Wenn Maria von Magdala mit weinenden Augen zwei Engel an der Stätte des Todes sieht, dann ist das der Anfang eines Gesprächs mit dem ermordeten Jesus. Und genau das beschreibt Johannes ganz und gar symbolisch.

Wir brauchen, um zu leben, bestimmte Wahrheiten, die sich in den Bildern der Bibel bestätigen, ganz so, wie sich die Menschen damals ausgedrückt haben. Müssen wir ein leeres Grab haben, damit wir glauben können, dass die Verstorbenen ein Leben bei Gott haben?

Jesus glaubte so sehr an die Auferstehung, dass er sagte: »Wer an mich glaubt, wird den Tod nicht kosten, selbst wenn er stirbt« (Johannes 8,51; vgl. 5,24).

Die Kirche in ihrer gegenwärtigen Verfassung ist demgegenüber nicht in der Lage, den Schritt zur symbolischen Auslegung des

Jesusgeheimnisses zu vollziehen. Die Amtsträger zumindest beharren auf dem wortwörtlich verstandenen Bekenntnis. Sonst kann man zu Christus nicht gehören nach ihrem Verständnis.

Das Ergebnis eines solchen Glaubensbegriffs ist die Unglaubwürdigkeit der Kirche selbst. Jeder kann sehen: Wenn die Kirche so weitermacht, dann ist sie nur noch formal mit Geld zu halten. Immer mehr Menschen verlassen sie. Die anhaltend wachsenden Kirchenaustrittszahlen sprechen eine unüberhörbare Sprache.

Das einzige, was die Kirche machen sollte, nein: machen müsste, läge darin, den Menschen den Glauben zurückzugeben und damit ein Vertrauen auch zu sich selbst. In deren Herzen ereignet sich die Wahrheit, nicht in dogmatischen Behauptungen. Letzteres ist eine absolute Entfremdung. Ein Sprechen vom Menschen außerhalb des Menschen. Dieser Zustand muss im Kern aufhören. Und es kann nicht anders sein, als dass man diese Art der objektiven Dogmensetzung auflöst in eine Sprache, in der die eigenen existentiellen Fragestellungen sich verstehbar und heilend mitteilen können. Wir brauchen eine Sprache vollkommen jenseits der Gewalt. Ohne jeden Machtanspruch. Dazu nötig ist lediglich, dass man endlich den Wahrheitsgehalt dichterischer Rede begreift und davon ablässt, für wahr nur das zu halten, was sich objektiv, historisch-faktisch greifen lässt.

Ich fühle mich an das erinnert, was wir vorhin mit dem Namen des Paulus und dem Zusammenbruch seines Gesetzesglaubens vor Damaskus verbanden. Dieser Dogmenladen muss wirklich erst zusammenbrechen, damit etwas Neues geschieht. Und nicht nur hier und da mühsam errungene kleinste kosmetische Oberflächenveränderungen.

Paulus hat immer wieder darum gerungen, anerkannt zu werden als Apostel (vgl. 1 Korinther 9,1). Aber nicht um ein

Amt zu besitzen. Er hat gesprochen, weil Christus in ihm selber sprach. Das war seine Beglaubigung. Was er gesät hat, war ein Vertrauen in das, was er selber erfahren hat.

Man hat das in den Kirchen bis heute leider immer noch nicht verstanden. Man kämpft immer noch um Begriffe. Anstatt den Menschen zu helfen, die nicht aus noch ein wissen.

Wir kommen immer wieder auf denselben Punkt, gleich von welcher Frage wir ausgehen. Auf der einen Seite möchte ich Jesus folgen, auf der anderen Seite sehe ich die Kirche und was sie aus ihm gemacht beziehungsweise nicht gemacht hat. Ich stehe vor einem Steingebirge mit glatten Wänden und scharfen Kanten.

Noch einmal und schon wieder: Wie soll, kann Veränderung geschehen? Zum Beispiel in der Frage der Ämter und Dienste der Kirche. Das kann und wird so nicht bestehen bleiben, wie es ist. Man kann es ja auch gar nicht mehr kaschieren. Die Fassaden sind längst weggefallen. Das Feuer ist im Haus. Beschleunigt durch neue Brandsätze. Sexuelle Gewalt und Geld zum Beispiel.

Wie soll da Neues entstehen?

Das eine ist nochmal: Wir knüpfen bei den persönlichen Fragen an, die Menschen haben, weil sie Menschen sind. Zum Beispiel bei der Frage nach Sterben und Tod, der keine und keiner entgeht. Welche Perspektive haben wir da? Wir brauchen eine Perspektive über die Vergänglichkeit und Endlichkeit des irdischen Lebens hinaus. Dafür steht der Glaube Jesu selber, die Art, wie er starb, und die Botschaft der Engel am Ostermorgen. Also brauchen wir die dogmatisierte Aussage vom leeren Grab, vom absoluten Wunder, das gewirkt wurde, nicht mehr länger. In all diesen vorgeschriebenen veräußerlichten Lehraussagen müssen wir die Kirche lassen, hinter uns lassen, indem wir die Symbole der biblischen Darstellung als Bilder nehmen, die es erlauben, in den Himmel zu schauen und Hoffnung zu gewinnen jenseits der Endlichkeit und Vergeblichkeit unseres Lebens. So lernen wir, wie Jesus, mit Jesus zu glauben, so dass Ostern sich durch ihn ereignen kann, nicht als historisches Faktum, sondern als Daseinsveränderung im Ganzen.

Sie fragen jetzt aber auch speziell noch einmal nach den Ämtern und Diensten, nach Macht und Strukturen einer Kirche, die Jesus nicht verrät.

20
Noch einmal: Ämter und Dienste – Macht und Strukturen

Was also wären die Konsequenzen, wenn man Jesus konsequent auf die Kirche anwenden würde?

Ich erlaube mir noch eine kleine Umwegschilderung, die mit der Frage nach den Ämtern zentral zu tun hat. Vierzig Tage nach der Auferstehung soll Jesus in den Himmel aufgenommen worden sein (Apostelgeschichte 1,4–11). Auch das ist wieder ein Satz, der, objektiv ausgesprochen, in Zeit und Raum festgemacht wird. Ein eigenes Kirchenfest wird dazu begangen, doch kein Mensch mehr mag es so glauben. Der Vatertag in der übelsten Oberflächlichkeit des Amusements ist daraus geworden.

Was wirklich zur Debatte steht, ist überraschenderweise gerade Ihre Frage nach der Macht. Zum Himmel fährt, das beschreibt der römische Schriftsteller Livius, Romulus, der Stadtgründer Roms. Er ist ein Brudermörder und Kriegsheld, ein Frauenvergewaltiger. Das Kind einer Wölfin, die ihn gesäugt hat. Der fährt zum Himmel auf und erscheint den Senatoren und verkündet ihnen, dass sich das römische Imperium über die ganze Erde ausdehnen soll. Das ist die Himmelfahrt des Romulus. Und genauso fahren später alle römischen Kaiser mit ihrem Tod zum Himmel auf. Sie werden zu Göttern, wenn sie sterben. Sie waren eigentlich immer schon Götter.

Wie aber im Gegensatz dazu fährt Jesus zum Himmel auf? – Was Jesus in dem Bilde von der Himmelfahrt ausgedrückt haben möchte, ist, dass wir einzig an ihn glauben sollten als den wahren König in unserem Leben und in unserem Herzen. Er steht über allem. Wir können zu ihm aufblicken, selbst wenn die Welt noch so chaotisch ist. Als Bild ist das ein kostbares Moment der Orientierung. Festgeschrieben als Dogma in Raum und Zeit aber, als historische Tatsache interpretiert, führt das zum Unglauben. In der Nachfolge des Romulus ist ein Papst, der das äußere Verständnis der Botschaft Jesu einfordert, kein Nachfolger des Petrus am See, sondern er ist selbst ein Nachfolger des römischen Kaisers.

Eines muss man freilich noch sagen: Unser Bild von Kirche, wie sie sein könnte, besitzt eine gute Vorlage in den Gemeinden, die Paulus gegründet hat. Die waren nicht zentral verwaltet, die gruppierten sich selber.

Paulus ging nach einer Zeit seines Aufenthalts weiter und überließ sie sich selber, er besuchte sie später, schrieb Briefe. Diese Gemeinden hatten damals kaum Kontakt miteinander. Doch mit solchen Gemeinden begann die Kirche. Frauen konnten wie selbstverständlich darin die Leiterinnen sein. Zum Beispiel die Purpurhändlerin Lydia in Philippi (Apostelgeschichte 16,14–15). Bei ihr hat Paulus gelebt. In ihrem Hause wurden die Mahlgemeinschaften gefeiert. Es gab all das nicht, woran wir heute kranken und leiden.

Gibt es dann überhaupt noch die Notwendigkeit oder Frage nach den Ämtern, wie wir sie jetzt haben, mit dem ganzen hierarchischen Aufbau, den Titeln und Würden und Pfründen? Habe ich Sie richtig verstanden, dass Sie der Meinung sind, das alles müsste verschwinden?

Ich gebe, bevor ich das beantworte, noch ein anderes Modell vor, das in der jüdischen Gemeindediaspora ausgeprägt wurde. Freundschaftsmahlzeiten, Chaburimgemeinschaften gab es dort schon in den Tagen Jesu. Man kam zusammen als Schwestern und Brüder. Das hat sich in der Diaspora über

2000 Jahre als Grundlage des Judentums erhalten ohne jeden Schaden. Das war entscheidend gebunden an die Familie. Dort feiert man das Passahfest und andre heilige Feste. Das hat einen stark familiären Hintergrund. Aber nicht nur. Es bilden sich Gemeinden. Es wurden Synagogen gegründet. Man betete gemeinsam. Man hatte die heiligen Texte, die miteinander verbanden. Man sprach über den Glauben miteinander. So hat Jesus die Synagoge selber erlebt. Er ist nicht im Tempel groß geworden. Insofern könnte uns das Judentum ein Beispiel für eine Kirche liefern, die nicht zentralistisch ist, nicht imperial. Die nicht unter einer heiligen Priesterschaft in einem Zentralheiligtum verwaltet wird.

Von daher ist die Frage wichtig, wie ein lebendiger, in Kleingruppen sich organisierender Glaube entfaltet werden könnte. Keine Gruppe kommt aus, ohne dass sie irgendwie geführt wird und ohne dass sie einen Inhalt hat. Das kann zur Folge haben, dass sich die Gruppenteilnehmer selbst zum Thema machen wie in Therapiegruppen, aber hier unter den Augen Jesu. Unter solchen Bedingungen gibt es persönliche Reifungsprozesse und ganz verschiedene, der jeweiligen örtlichen Situation angepasste Begegnungsformen.

Es braucht also doch Personen, die das Ganze irgendwie organisieren und mit Inhalt füllen.

Diese Personen, die das organisieren, sind aber weder unfehlbar noch auf ewig angestellt, noch haben sie ihre Dienstfunktion von einem Amt her. Die Leitung einer Gemeinde ergibt sich aus dem angedeuteten Prozess selber. Das ist vornehmlich eine Frage der jeweiligen persönlichen Kompetenz, mitunter auch der Bildung. An dieser Stelle wäre es heute ganz besonders wichtig, dass die Kirche großen Wert legt auf die Ausbildung derer, die von Jesus kompetent reden sollen, die aber nicht unbedingt damit auch noch einen Titel, eine Stellung mit Rechtsanspruch erlangen wollen oder können. Auch da kann man in ganz verschiedener Hinsicht auf Paulus schauen.

Und noch einmal: Ich habe auch die Sehnsucht nach einer so existierenden Kirche, die Jesus nicht permanent verrät und immer wieder aufs Kreuz legt. Manchmal muss ich wirklich gegen meinen Zorn und gegen meine Wut angehen, damit ich den Blick nach vorne nicht durch mich selber verstelle.

Deswegen, nüchtern bleiben, sage ich mir. Aber von selbst werden »die da oben« nicht gehen. Und Lust auf eine neue Art der Jesus-Nachfolge entdecke ich auch nicht gerade ausgeprägt bei ihnen. Wie soll man das alte System, das nicht nur Fehler hat, sondern selbst der Fehler ist, wegbekommen?

Das ist ganz klar aus dem Munde Jesu zu beantworten: »Wo zwei oder drei in meinem Namen versammelt sind, bin ich mitten unter ihnen« (Matthäus 18,20). Es kommt auf die Art des Umgangs miteinander und nicht auf die Größe einer Gemeinde an.

Und wieder kommt mir der ganze Konflikt zwischen Eugen Drewermann und den Amtsträgern und Glaubensbeamten in den Sinn. Wie lange dauert schon dieses Elend! Und die Glaubensbeamten werden jetzt auch wieder sagen: Der hat sich nicht geändert. Im Gegenteil: Er ist noch radikaler geworden. Er kann es einfach nicht lassen, und nun predigt er noch die Anarchie. Kleine Gruppen: unvorstellbar. Hauskirchen: ein Verrat an der Kirche überhaupt. Ich glaube persönlich auch, dass es gar nicht anders gehen wird. Ich meine, dass man auch mal richtig ungehorsam sein sollte.

Die Gläubigen, die in der katholischen Kirche zu Hause sind, trauen ihr wirkliche Veränderungen nicht zu. Da gibt es enorme Versteinerungen. Die Kleriker werden kaum akzeptieren, dass die Wandlungsworte über Brot und Wein, von einem anderen als einem geweihten Priester gesprochen werden. Geweiht vom Bischof, der eingesetzt wurde vom Papst.

Daran liegt es auch, dass ein protestantischer Gottesdienst für ungültig zu halten ist. Der evangelische Pastor kann noch so fromm sein. Er hat nicht die Amtsvollmacht, die Wandlungsworte gültig zu sprechen. Das ist ein Hauptunterschied in der Ökumene zwischen Katholiken und Protestanten. Wie sähe es in der Ökumene aus, wir machten aus dem Dogma des Amtsbesitzes eine symbolische Sprache? Wie Calvin (1509–1564) meinte: Es komme nicht darauf an, dass sich mysteriös Objekte, Brot und Wein, verwandelten, sondern dass sich subjektiv die Menschen wandelten, wie sie zu Schwestern und Brüdern werden.

Das Ganze wird aber so gehandhabt in einer Kirche von Männern. Und die Männer haben in ihr nach wie vor das Sagen. Kosmetische Änderungen gibt es hie und da. Aber sie sind eher lächerlich als ernsthaft. Die Zentraldomäne bleibt für Frauen verschlossen. Da beißt die Maus den Faden nicht ab. Das ist ja auch ein Missbrauch der Botschaft, dass man nur des schicksalhaften Geschlechtes wegen Menschen ausschließt.

Es ist komplizierter noch. Die katholische Kirche hat das Priestertum – und jetzt sage ich etwas ganz Schlimmes – so deformiert, dass es wirklich nur von Männern auszuüben ist. Das Verständnis dessen, was einen Priester ausmacht, ist die unblutige Wiederholung des Kreuzesopfers Christi. Wir haben dieses Absurdum: Jesus selber hat ein Vertrauen zu einem Gott gelehrt, der unbedingt, ohne jede Vorleistung, ohne Opferdarbringung vergibt. Da ist kein Platz mehr für Spekulationen und spitzfindige Diskussionen darüber, wer das bessere oder richtigere Opfer darbringt, damit Gott ihn annimmt.

Jesus wollte nicht, dass Menschen erst Opfer entrichten, um Gott vertrauen zu können. Deswegen ist er ans Kreuz gegangen, weil er das nicht gewollt hat.

Schon in der Zeit des Neuen Testamentes indessen versucht man, den Kreuzestod Jesu als Opferleistung zu interpretieren. Und schon verschieben sich die Richtungen. Jesus ist ans Kreuz gegangen für uns Menschen, um Gottes Willen zu erfüllen. Das stimmt. Daraus geworden aber ist, dass er sich dem Willen Gottes opfern musste für uns, damit Gott uns vergibt. Das ist etwas völlig anderes. Wir haben Jesus aus lauter Angst vor seiner Güte gekreuzigt. Wir haben diesbezüglich ein Problem mit uns selber, aber doch nicht Gott mit sich, weil er gerecht sein müsste und jetzt beschlossen hat, gütig zu werden, im Falle ihm ein unendliches Opfer dargebracht wird. An dieser Theologie hängt es, dass wir nur Männer als Priester anstellen. In der gesamten Religionsgeschichte sind es Männer, die Tiere töten, die in den Krieg ziehen. Die Opfer darbringen. Das war durch die Bank ein männliches Geschäft.

Wenn wir Frauen als Priesterinnen zuließen, dann würden sie Gottesdienste wahrscheinlich ganz anders feiern. Wenn wir Frauen als Gemeindeleiterinnen, in diesem Sinne als Priesterinnen, einsetzen würden, müssten wir als erstes auf die gesamte Opfertheologie verzichten.

Im Sinne Jesu wäre zu sagen: Wir kommen zusammen an einem Ort des Vertrauens in Gott als Mutter oder als Vater. Wahrscheinlich kann das eine Mutter wirklich besser als ein Vater: Eine Mutter liebt ihr Kind unbedingt, weil es DA ist. Dieses Kind kann noch nichts, weiß noch nichts, hat noch nichts, tut noch nichts. Aber es ist überaus liebenswert, weil es existiert.

Die katholische Kirche muss das begreifen: Nichts stimmt im Raum der Religion, das nicht durch das Subjekt hindurchgegangen ist, durch das Allerpersönlichste; was dort nicht die

Angst beruhigt, ist nicht von Gott. Und wenn dies Frauen ein wenig besser können als Männer, dann sind sie sogar bevorzugt in priesterlicher Funktion einzusetzen. Auch in leitenden Funktionen.

Was Sie gerade sagen, das kommt mir vor wie eine Überforderung einer schon ziemlich senilen Männergesellschaft. Die meisten der Kirchenmänner sehen die Frauen heute immer noch als Objekte.

Sie sehen sich selber, diese Männer, als ein Objekt, weil sie ja auch nur von Amts wegen existieren.

Ich glaube nicht mehr, dass zu unseren Lebzeiten die jetzige Kirche noch zu einer wirklichen Veränderung in der Lage und bereit ist. Es sei denn, sie bricht durch irgendeine Einwirkung krachend wie Paulus vor Damaskus zusammen. Anders kann ich mir das leider nicht mehr vorstellen. Diese Männer werden doch nicht freiwillig die *Herr*schaft abgeben.

Das sind zwei Dinge: Wir haben de facto eine senile Herrschaft, völlig überaltert. Das Durchschnittsalter der Priester in Deutschland beträgt 62 Jahre, ist also an der Rentengrenze. Es ist wichtig, dass Sie so darauf hinweisen.

Das andere ist: Wir sprechen jetzt fast idealtypisch von Mann und Frau. Manche geben sich dabei sogar der Hoffnung hin, dass, wenn Frauen an der Macht sind, die Welt besser wird. Das wird sie jedoch erfahrungsgemäß nicht. Hatschepsut (1501–1480 v. Chr.) war nicht besser als ein anderer Pharao. Von Margret Thatcher wollen wir erst gar nicht reden …

… von Indira Gandhi auch nicht …

Wir könnten so dranbleiben. Es kommt darauf an, was für Menschen wir sind. Und das sollten wir in der Genderdebatte nicht neu typisieren mit Geschlechtszugehörigkeiten.

Der Umgang zwischen Mann und Frau ist das Entscheidende. Er sollte ohne jede Angst voreinander von Liebe gestaltet werden. Und ohne jeden Herrschaftsanspruch.

Allerdings, wir müssen das noch einmal betonen: Je komplexer Gruppen werden, desto unvermeidlicher wird es, dass sie funktional auch Dauerstrukturen einrichten, Ämter etablieren, die konstant, kontinuierlich sich durch die Zeit tragen und schwer zu verändern sind, weil sie genau das sollen: Sie sollen eine gewisse Haltbarkeit in der Zeit ermöglichen. Das ist nicht einfach. Deswegen sollte man betont dem protestantischen Konzept zustimmen: Die protestantische Kirche kennt auch Ämter. Aber sie sieht in ihnen nicht einen Machtbesitz im Namen Gottes. Die Ämter in ihr wachsen von innen und sind funktional. Und sie sind nicht mit Ewigkeitswert ausgestattet.

Auch im Neuen Testament gibt es im Übrigen schon verschiedene Gemeindemodelle. Paulus hat eine andere Gemeinde vor sich als die, die im Matthäusevangelium beschrieben wird. Es gibt griechisch organisierte Gemeinden. Es gibt stärker syrisch-aramäisch organisierte Gemeinden. Das ist alles vereinbar miteinander. Es ergibt sich aus den Lebensprozessen und soll dem Leben dienen.

Deshalb habe ich schon einmal in unserem Gespräch von der »Stunde des Jeremia« gesprochen. Jeremia wollte, dass wir im Untergang Jerusalems Gott und uns selber neu begreifen. Das wäre möglich. Dann müssten wir die Kirche entlang der Ordnung, die Jesus vorgegeben hat, neu vermessen und alles, was da nicht hingehört, für überflüssig, für überlebt, für falsch, für skandalös erklären und beiseite tun.

Herr Drewermann, das war und ist doch ein Teil Ihrer Lebensarbeit. Das haben Sie doch versucht und versuchen es, aus der Kirche ausgetreten 2005, immer noch. Mit welchem Ergebnis?

Ich denke an meine Großmutter im Schwarzwald, die bei aussichtslosen Unternehmungen zu sagen pflegte: »Was du da machen willst, ist so, wie wenn du einem Ochsen ins Horn pfetzst«. – In dieser Situation sind wir jetzt. Immer weniger Menschen, junge und alte, haben noch Lust, den Ochsen ins Horn zu pfetzen, weil sie wissen, dass es vergeblich ist, dass er nicht reagiert.

Letztlich glaubt niemand der Kirche an sich. Das hat Karl Rahner (1904–1984) schon gesagt: Die meisten Menschen glauben an die Kirche auf Grund der Botschaft Jesu. Sie nehmen die Kirche in Kauf, weil sie an Jesus glauben. Und warum glauben sie an Jesus? – Nicht, weil sie in der Bibel von ihm zu lesen bekommen haben, sondern weil sie Menschen begegnet sind, die ein Stückchen davon zu leben versucht haben. Das macht ihnen die Botschaft Jesu glaubwürdig.

Entscheidend ist mir, mit Hilfe symbolischer, dichterischer Interpretation der Botschaft Jesu das, was die Kirche möchte, weiterzugeben, so dass Personen entstehen, die ihren Glauben vom Ich zum Du weitervermitteln.

Die Inhalte, die die Kirche weitergeben soll, sind nach meiner Überzeugung außerordentlich wichtig. Sie müssen aber gründlich anders gesagt werden. – In der gegenwärtigen Form können sie nicht mehr weitervermittelt und verwaltet werden. Das ist der Kern für die Selbsterneuerung der Kirche. Es müssten die Amtsträger in der Kirche persönlich an das glauben, was sie selber wirklich sagen. Wenn die Kirche die Kirche Jesu sein will, dann muss sie sich an Jesus orientieren. Dass das versucht und zum Teil auch begriffen wird, will ich nicht leugnen.

Wir können die Zukunft nicht machen. Aber wir können den Krisenaugenblick, in dem wir jetzt stehen, in dem die Religion insgesamt steht, als einen dringlichen Aufruf im Namen Gottes wahrnehmen und in der Stunde des Jeremia noch einmal neu zu begreifen versuchen, was Gott uns heute zu sagen hat.

Sie haben eben das Ganze über das Christentum hinaus auf alle anderen Religionen ausgedehnt. Haben Religionen überhaupt noch eine Chance in den Formen, in denen sie sich in der Gegenwart zeigen? Ich denke vor allem an den Islam. Gerät Religion nicht überhaupt auf den Prüfstand der sogenannten »modernen« Welt?

Das ist für alle Religionen in ihrer je eigenen Geschichte bis heute eine zentrale Frage geblieben. Man hat, wie anfangs schon erläutert, vom Göttlichen geredet, um inmitten einer fremden Welt zu leben und zu überleben. Und dabei waren alle Weisen der religiösen Ausdrucksformen zweideutig. Man hat die Sonne in ihrer Bahn gesehen, als wenn ein Gott über den Himmel fährt im Sonnenwagen. Natürlich wusste man, dass das ein Bild ist. Aber man hat es erst einmal so gesagt. Dann ergab sich schon in der griechischen Aufklärung das Problem, ob die Sonne nicht nur ein heißer Stein ist und gar kein Gott? Man konnte sogar die Mondfinsternis erklären, wenn man das Nachtgestirn nicht als Göttin Selene ansah, sondern als Trabanten der Erde verstand. Alle Religionen, soweit ich sie kenne, nehmen die Welt ringsum als von Gott geschaffen an. Und damit treten sie scheinbar in einen Anspruch, etwas auszusagen, was die Naturwissenschaft erforscht hat und immer weiter erforscht. Auf diese Weise treten sie in eine Konkurrenz um die richtige Interpretation der Welt im Ganzen. Entweder Wissenschaft oder Glauben!

Das ist aber doch nicht die Alternative.

Es ist nicht die Alternative und kann es auch nicht sein, weil die Naturwissenschaft absolut außerstande ist, irgendeine vernünftige Frage unseres menschlichen Lebens zu beantworten. Wozu wir leben, wie wir sterben, was aus uns wird, wenn wir gestorben sind, das sind nicht Themen der Naturwissenschaft.

Die Frage der Religion ist: Wie helfe ich Menschen inmitten einer unmenschlichen und ungöttlichen Natur, dass ihnen die Angst gemildert wird und sie Hoffnung schöpfen? Wie man sieht, ist die Religion des Menschen wegen nötig. Die Natur braucht keine Religion, Gott hat keine Religion. Aber wir Menschen brauchen sie inmitten der Natur im Bezug zu Gott.

Wir müssen deshalb alles, was wir in der Religion sagen, ins Bildhafte, ins Symbolische setzen. Wir können die Bilder, mit denen die Kirche, besonders die katholische, arbeitet, sehr gut ins Symbolische, ins Zeichenhafte übersetzen.

Sagen wir es so: Wir betreten eine Kirche – nehmen wir den Mailänder Dom. Er ist eigentlich dunkel. Alles Licht, das hereinfällt, kommt durch die schmalen Fenster. Es ist schwer möglich, in diesem Dämmerlicht etwas zu lesen. Wir betreten gewissermaßen eine Höhle. Und das greift zurück in die Zeit der Höhlenbewohner, die ihre Höhlen ausmalten: Altamira, Lascaux. Die Menschen malten die Tiere, die die Grundlage ihrer Existenz waren – Rinder zum Beispiel oder Bisons – auf die Wände als göttliche Wesen. Sie gingen in den Schoß der Erde, um sich zu erneuern. Wenn sie dann wieder nach draußen kamen, war die Welt wiederzuerkennen in den Bildern, die sie imaginiert hatten. Das war für sie eine Art Wiedergeburt. Eine solche Höhle, ein Mutterschoß, der aus dem Leben neu entsteht, soll die Kirche sein. Auch sie ist ein Ort der Geborgenheit. Mit diesem kulturgeschichtlichen Erbe sollte Kirche jetzt arbeiten, mit solchen Bildern und Symbolen, die den Menschen inmitten einer Welt der Angst Hoffnung machen und Vertrauen auf eine letzte Geborgenheit schenken. Das ist eigentlich die ganze Antwort der Kirche auf die Existenz des Menschen, vermittelt durch ihre Sakramente, ihre heiligen Zeichen.

Mitten in der Kirche steht des weiteren der Altar, der Weltenbaum. Das ist das Kreuz. In der Geschichte der Menschheit spielte der Baum als Fluchtort eine bedeutende Rolle. Die Vertikale! Dafür hat die Kirche das Kreuz als Zeichen genommen: der unsichtbare Baum, der uns mit Gott verbindet, der seine »Hände« über uns breitet und uns segnen möchte, der Baum inmitten des Gartens – das sollte bei jedem Kirchgang erfahren werden Die Wiederherstellung des Paradieses war damit gemeint.

Auch die Bewegung des Menschen ist demgemäß. Ein Mensch, wenn er betet, streckt die Hände aus in der Orantenhaltung, eigentlich um die Kletterbewegung auf den Baum abzubilden. Die vollkommene Bewegung wäre, den Baum zu umarmen und die Sicherheit zu spüren, die man hat, wenn man Höhe gewinnt. Oben auf dem Weltenberg im zentrierten Raum der ganzen Existenz wohnt Gott.

21
Wohin gehen wir? – Immer nach Hause!
Ein Beispiel

Wie Geborgenheit, bedingungslose Annahme und Vertrauen, wo Heimat finden? – Ich mach's mal konkret.

Da sitzt in einem meiner Seminare an der Universität eine junge Frau, und wir kommen bald, neben der Lehrveranstaltung, in einen vertrauensvollen Gesprächskontakt. Sie sagt plötzlich ganz unvermittelt zu mir, dass es für sie eine seltsame Situation sei, ungefragt in dieser Welt leben zu müssen und auch ungefragt wieder gehen zu müssen und dazwischen sich meist fremd zu fühlen.

Wie würden Sie dieser jungen Frau in Bildern und Symbolen erklären, dass das irgendwie mit der Botschaft Jesu in einen Zusammenhang zu bringen ist?

Wir könnten sofort blind sagen: Diese junge Frau fühlt sich inmitten dieser Welt absolut heimatlos. Und das wird sich nicht nur beziehen auf den Raum, sondern auch auf sie selber als Person. Sie ist weder in dieser Welt noch bei sich selber zu Hause. Also wird sie unterwegs sein, um überall etwas zu suchen und zu finden, das sie nur in sich selber finden kann, aber im Äußeren vermutet, in bestimmten gesellschaftlichen Positionen anzutreffen glaubt. Das Problem, das sich aus dem, was Sie gerade aus ihrer Biografie schildern, ergibt, müsste man durchgehen, bewusst halten und fragen, was da eigentlich gesucht, was da entbehrt wird? Und dann könnte man vielleicht manches rückwärts abspulen. Mit Sicherheit wird es in ihrem Leben auch Momente gegeben haben, wo so etwas war wie Begegnung, wie Vertrautheit, wie Geborgenheit. Kein Mensch kann ohne das leben. Und aus solchen Erinnerungen, die womöglich auch zeit- und ortsgebunden sind, setzt sich ein Bild von Heimat zusammen, wenn es denn überhaupt entstehen sollte.

Zur Heimat hätten die Indianer gesagt, dass sie der Ort ist, an dem ihre Eltern, ihre Ahnen begraben sind. Das macht die Erde heilig, auf der sie leben. Denn wir fühlen uns in Raum und Zeit zu Hause einzig in menschlicher Verbundenheit. Individuell und einfacher könnte man sagen: Heimat entsteht, wenn bestimmte Bäume, die schon in Kindertagen da gewachsen sind, sich verbunden haben mit bestimmten Erlebnissen. Unter denen hat man gespielt, an denen hat man klettern geübt. Um die hat man Seile gebunden, um sie zu schmücken. Die standen damals schon dort, und es gibt sie heute noch. Man kehrt zurück in seinen Heimatort. Die Straßen haben sich verändert, die Geschäfte sind längst in andere Hände übergegangen, aber ein paar alte Bäume stehen immer noch da. Und manche Hausfassaden sind immer noch so ähnlich wie damals.

Die Erinnerungen, die dann kommen, können einen Raum schaffen, den man Heimat nennt. Aber nur dann, wenn man es verknüpft mit Erfahrungen; diese können positiv sein, aber auch angstvoll und schrecklich. Man hat da drin gelebt. So und so. Im Kontext bestimmter Erfahrungen entsteht ein Raum erinnerter Heimat. – Ansonsten hat Novalis (1772–1801) recht: »Wohin gehen wir? – Immer nach Hause!« Sein magischer Realismus, sein Versuch, die Welt durch Dichtung zum Himmel und zur Ewigkeit hin zu öffnen, enthält auch einen Deutungshinweis für die Frage der jungen Frau: Im Raum der Natur ist sie ungefragt, ungewollt und unberechtigt einfach da und auf sich selbst zurückgeworfen. Erst wenn sie jemanden liebt, beginnt sie zu ahnen, wofür es gut ist, da zu sein; und wenn sie selber von jemandem sich geliebt fühlt, vergeht – nach mancherlei Angst und Abwehr – vielleicht auch das Gefühl der Einsamkeit und Fremdheit. Der Hintergrund der Welt wird freundlicher und heller – Gott selbst wird in der Seele sichtbar. Doch dass es dazu kommt, setzt höchstwahrscheinlich die Durcharbeitung einer Reihe an Verstellungen seit Mädchentagen voraus: In welch einer Lage befanden sich die Eltern, als sie zur Welt kam? Was hinderte die Mutter, den Vater, die Tochter bei sich heimisch werden zu lassen? Und wie hat die heutige Studierende ihre Kindheit erlebt? All diese Punkte und viele andere müsste man durchgehen, um bei sich selber anzukommen.

Mir fällt immer wieder der letzte Satz in Ernst Blochs (1885–1977) »Prinzip Hoffnung« ein. Er sagt, dass der Mensch zeit seines Lebens auf der Suche nach etwas sei, »was allen in die Kindheit scheint und worin noch niemand war: Heimat«.

Wir suchen im Grunde bei dem Begriff Heimat in der Rückerinnerung etwas, was wir nach vorne in die Zukunft verlegen. Wir gehen darauf zu wie auf eine projektive Antizipation, in der die Zeit sich wie ein Ring zwischen Anfang und Ende schließt. Und immer haben wir zu tun mit der Geborgenheit, von der wir die ganze Zeit reden und die wir nur in Gott finden und im biblischen Kontext im Bild vom Paradies angesiedelt sehen. Das ist in mythischer Symbolik eigentlich die Heimat des Menschen. Wir sind daraus Vertriebene.

Da müsste man der jungen Frau jetzt völlig recht geben und erläutern, dass uns Jesus eigentlich bei der Hand nehmen möchte, um uns in ein Vertrauen zurückzuführen, das dem Paradies ähnelt. Am Paradieseingang, schreibt die Bibel, stehen Engel mit dem Flammenschwert (Genesis 3,24), die machen uns nur Angst und treiben uns weiter in die Fluchtrichtung des Abseits, der Heimatlosigkeit. Von der Frau könnte man jetzt sagen: das war bisher ihr ganzes Leben. Wem hätte sie vertrauen können? Wo hätte sie glauben können, dass sie erwünscht wäre? »Das ist jetzt das, was wir im Gespräch versuchen«, würde ich ihr sagen. »Wir bleiben dran, auch wenn der Versuch nicht gleich gelingt. Sie werden nie mehr so allein sein, wie Sie sich bislang gefühlt haben. Ich kann nicht versprechen, dass wir Erfolg haben. Aber dass es höchst sinnvoll ist, was wir miteinander beginnen – dieses Vertrauen gehört zu uns, weil wir Menschen sind.«

Damit sind wir wieder am Grund, vielleicht auch am Abgrund von Religion überhaupt. Ich rede viel mit Studierenden verschiedener Religionen. Wenn man lange und geduldig manchen von ihnen zuhört, dann habe ich manchmal den Eindruck, dass sie an etwas leiden, das sie gar nicht zur Sprache bringen können, dass sie so etwas wie eine offene Wunde haben, die sich nicht schließen will. Einmal fragte mich ein Studierender: Warum muss ich eigentlich auf die Welt kommen – um zu sterben?

Genau! – Auf diese Frage gibt es keine Antwort in der Scheinsicherheit der Kirchenlehre. Dort hat man die Katechismusantwort sofort parat: »Du bist auf Erden, um Gottes Willen zu erfüllen und dadurch in den Himmel zu kommen«. Die Frage ist beantwortet, noch ehe sie sich stellt. Also ist sie in jedem Fall falsch beantwortet.
Auf die Frage nach Tod und Vergänglichkeit gibt es letztlich nur die Hoffnung auf Unsterblichkeit. Ohne diese Perspektive sitzen wir in allem Irdischen in der Falle und tun uns schwer, die paar Jahrzehnte nicht aus Angst vor dem Ende endgültig zu vergeuden.
Vielleicht aber hat Jeremia recht: Es muss erst einmal mit dem Überkommenen und Übernommenen aufgeräumt werden, um einen Neuanfang von innen her zu ermöglichen. Alles Äußere muss dabei verschwinden. Die Frage ist nicht, was

da kommt oder was die Kirche machen kann. Die Frage ist auch für uns nicht, wie weit die Kirche die Verinnerlichung ihrer selbst zulässt, erlaubt, mitträgt. Sie muss diese Verinnerlichung nicht fürchten. Es wäre ihre letzte Chance. Sie ist unvermeidbar. Was die Kirche freilich machen wird, müssen nicht wir entscheiden.

Wir müssen nur erfragen und erspüren, was die Menschen brauchen, und dann damit weiterarbeiten. Es ist ein offenes Angebot in der Kirche, an die Kirche, für die Menschen innerhalb und außerhalb der Kirche.

Zugeben muss ich: Wenn es die Kirche nicht gäbe, wüsste ich von Jesus genau gar nichts. Ich habe auch mit viel Angst und viel geprägter Lehrvorgabe Jesus als zentrale Person schon in Kindertagen kennengelernt. Und ich habe mein Leben lang gefunden, dass es sich lohnt, es damit zu versuchen. Deshalb bin ich der Kirche dankbar, indem ich von ihr allerdings verlange, dass sie sich im Sinne Jesu artikuliert und weitergibt. Das muss sie. Sie hat mir etwas geschenkt, an das sie selber glauben muss.

Eine persönliche Frage, Herr Drewermann: Ist das nicht eine bleibende Wunde für Sie, wie man Sie im Raum der Kirche behandelt hat? – Sie haben sich ja dann später entschlossen, die Kirche zu verlassen.

Mir tut die Haltung der Kirche leid für die Menschen, die von der Kirche verschreckt werden und für die ich durchaus Möglichkeiten sähe, Zugang zu finden zu dem, was die Kirche eigentlich sagen möchte. Und die Kirche selber tut mir leid, weil sie sich derart grotesk selbst im Wege steht. Ich glaube, dass es keinen Sinn mehr macht, eine Kirchengeschichte zu betreiben, in der man absichert, was da vermeintlich von Gott gestaltet wurde. Es ist ein einziger Verrat. Gut, man kann das konstantinische Zeitalter und die furchtbare Wende, die damals Anfang des 4. Jahrhunderts geschehen ist, beklagen. Aber zugeben muss man: Seitdem ist alles falsch, nicht nur etwas.

Wir sind mit dem Kirchenlatein am Ende angelangt. Und auch mit der immer noch herrschenden Theologie. Mag sie sich noch so modern und fortschrittlich geben.

22
Um weiterzukommen, müssen wir einen langen Weg zurückgehen
Das Ende der alten »Kopfstrecke«

Die Kopfstrecke der alten Gleisanlage ist am Ende. Es gibt keine Möglichkeit und keine Fahrt mehr darüber hinaus. Um weiterzukommen, müssen wir einen langen Weg zurückrangieren, um auf ganz neuen Wegen weiterzufahren.

Die Stunde des Jeremia: Was gehört rausgeschmissen? Der Seesturm vor Malta (Apostelgeschichte 27,27–44): Was gehört über Bord geworfen?

Ihr Bild aus der Apostelgeschichte trifft's: Man muss das sinkende Schiff leichtern, um es zu retten. Konkret: Wir könnten die altgenannten Desiderate zu den entscheidenden und notwendigen Veränderungen noch einmal aufgreifen.

Wir sollten die eine Sprache Gottes reden, die er in jedem Herzen redet, zu jeder Zeit und in allen Religionen. Zu jeder und jedem, so wie sie oder er es braucht. Menschlich muss sie werden, diese Sprache. Und sie beschreibt Gott in Bildern, die wir brauchen, weil wir Menschen sind. Dann brauchen wir das Wasser, die Höhle und den Baum. Und das Kreuz und die Segnung und die erhobenen Hände beim Gebet. Und die Bilder innerlich, die uns mit dem Himmel verbinden wie die Träume in der Nacht, um heller zu sehen am Tage.

Nicht zuletzt: Es kann nicht angehen, eine reiche Kirche zu haben, die einen Jesus predigt, der arm gewesen ist.

Im Blick auf die Kirchengeschichte sind manche Chancen

eines Neuanfangs verpasst worden. Die katholische Kirche, die wir heute haben, geht gedanklich und strukturell zurück auf das Konzil von Trient (1545–1563). Trient war antireformatorisch. Änderungen? Auf gar keinen Fall! Im Gegenteil: Noch viel härter, als es jemals war. Es gab zu jener Zeit eine zölibatäre Priesterschaft, die mehr Zwang und Angst verkörperte als Freiheit und Vertrauen. Da hatte Luther recht.

Aber sein Versuch scheiterte, weil man in Trient bewusst den Kern verfehlte: die Abschaffung eines Kirchensystems, das auf Vorschriften, auf Kopfgeburten, auf Gehorsamsdruck gründete. Von Jesus kaum eine Spur. Das alte, garstige Lied von dogmatischer Fixierung und administrativer Unterordnung wurde weiter gesungen.

Das war der Beginn eines großen Scheiterns.

Inbegriffen ist in dem Widerspruch auch die protestantische Theologie, die sich zu dem Existentialismus und Personalismus, der in ihr steckt, endlich systematisch bekennen müsste. Das tut sie bis heute aber leider nur unentschlossen. Sie fürchtet die »Verpsychologisierung« des Glaubens, statt die Innenseite des Subjekts, das zum Glauben kommen möchte, durch eine Seelsorge, die den Namen verdient, bewusst zu machen.

Im Augenblick, von manchen noch nicht bemerkt, wie es scheint, sind wir in einem paradigmatischen Wechsel von Kirchesein. Wie sieht dieser fällige und schon im Gang befindliche Wechsel aus, welche Hauptzüge, welche charakteristischen Merkmale sollte er tragen? Dabei immer auch an Novalis denkend, der in den »Lehrlingen zu Sais« schrieb: »Die Kirche ist das Wohnhaus der Geschichte.« Die können wir nicht blauäugig weglassen. Wie soll dieses Wohnhaus aussehen, wenn man die Natur des Menschen und die Geschichte des Menschen ernst nimmt?

23
Eine Kulturtransformation unserer Gesellschaft wäre nötig, um eine Kirche einzurichten, wie sie heute notwendig wäre

Was wir heute gesellschaftlich vor uns haben, ist die Polarität von Staat und Kirche, innerhalb derer die Religion nicht die ganze Existenz des Menschen umgreift, sondern lediglich einen kleinen Restbereich einer absolut gottfernen, säkularen bürgerlichen Welt besetzt hält; dieser Zustand ist völlig unjesuanisch. Jesus hätte nie einen Staat an Stelle der Kirche oder neben der Kirche akzeptiert. Das »Reich Gottes« war für ihn die Einheit von allem. Das ist im Prinzip die Idee, die wir heute den Muslimen geradezu vorwerfen: Die kennen überhaupt keinen Unterschied zwischen Staat und Religion! Fest steht: Jesus hat keinen Staat gewollt. Um das im Sinne der jüdischen Eschatologie zu verstehen, müssten wir eine Kultur haben, die das akzeptiert. Das würde, zum Beispiel, das Ende des Strafrechts bedeuten, das Ende der Zinsnahme in den Banken, ein Ende des Kapitalismus, ein Ende der Kriege.

Das klingt richtig utopisch. Dafür, so scheint es, ist »ou topos«, kein Platz da.

Erst wenn die Kirche zu erkennen gibt, wie sie die Welt entsprechend ihrem Erlösungsauftrag zu verändern, die Jesusbotschaft also wirklich durchzusetzen und nicht nur theoretisch zu diskutieren gedenkt, bekäme sie eine Struktur im

Denken und Handeln, die sinnvoll wäre. Die jetzige ist es jedenfalls nicht. Ein Großreinemachen, ein Kehraus ist erforderlich. Ein kleiner kosmetischer Hausputz genügt nicht mehr.

In gewisser Weise hat ja Johannes Paul II. das versucht: Er wollte die Kirche nach außen, politisch, als wichtigen Erneuerungsfaktor einbringen. Im Inneren aber wollte er, dass Zucht und Ordnung herrschen. Nach außen sollte die Kirche geschlossen wirken, unverändert als eine »acies ordinata«, als eine wohlgeordnete Schlachtreihe. Doch das geht natürlich gar nicht, wenn die Kirche nicht innerlich lebt, was sie nach außen tun sollte. Dann wird die Lüge nur noch größer. Und das genau kollabiert jetzt als Gesamtkonzept.

Es ist das Kollabieren einer Fassadenkirche.

Ich habe schon vor vierzig Jahren geschrieben, wie morsch das Gebälk ist. Es erfreut mich nicht, zuzusehen, wie es krachend einstürzt. Aber dass das jetzt im Gange ist, das ist unbezweifelbar.

Ich habe nicht vermutet, dass das so schnell geht, dass der Neigungswinkel der schiefen Ebene immer größer wird. Der Einsturzprozess wird noch beschleunigt durch die laufenden Skandale: Geld, sexuelle Gewalt, Ehemoral und anderes. Immer mehr Menschen gehen.

Es ist wie bei jeder Krankheit. Sie kommt schleichend, man übersieht die Symptome, redet sich gesund. Und irgendwann wird es ernst.

Und das ist jetzt.

Ja.

Viele einzelne Reformversuche sind in der Geschichte der Kirche gescheitert. Jetzt geht es ums Ganze. Schon ein wenig Entweder-Oder.

Es besteht eine Reformverweigerung in der katholischen Kirche seit rund achthundert Jahren. Die Armutsbewegung im Mittelalter, schon um 1300, ist am Reichtum der Kirche abgeprallt beziehungsweise in den »Bettelorden« diszipliniert worden. Die dringliche Forderung der Reformation, die Theologie um die Achse des Subjekts zu zentrieren und sich um dessen Angst und Hilflosigkeit zu kümmern, hat man, wie gesagt, in großem Stil auf dem Trienter Konzil mit der Gegenreformation durch Verfestigung der Institutionen beantwortet.

Dann haben wir im 17. Jahrhundert den Versuch René Descartes' (1596–1650), den dreißig Jahre langen Wirrwarr der Religionskriege mit einer hohen Rationalität zu beenden durch klares Denken zum Erfassen der Naturwirklichkeit und durch eine idealistische Innerlichkeit als Basis der Religion. Gott, meint Descartes, ist notwendig, um überhaupt eine Gewissheit zum Erkennen der Außenwelt zu gewinnen. Gott ist für ihn eine unmittelbare, eingeborene Idee, die vom Subjekt nicht gebildet werden kann. Etwas Absolutes kann nicht vom Relativen, etwas Vollkommenes nicht vom Unvollkommenen geboren werden.

Diese Idee hat sich fortgesetzt im Deutschen Idealismus. Es kommt zu einer Wende, die von den Theologen nicht nur allzu lange verschlafen wurde, sondern die bis heute nicht wirklich von ihnen integriert ist. Der Wandel beginnt mit dem in manchem fast abergläubischen, in vielen Zügen jedenfalls sehr religiösen Isaac Newton (1643–1726). Dessen mechanische Beschreibung der Natur findet zum ersten Mal eine philosophische, bahnbrechende Bewusstseinswandlung, die Immanuel Kant (1724–1804) im Traktat über die »Allgemeine

Naturgeschichte und Theorie des Himmels« im Jahre 1755 entwickelt. Kant versucht, die einfache Gravitationsgleichung Newtons anzuwenden auf die Zugrundelegung eines uranfänglich chaotischen Zustandes im Universum. Alleine durch die eine Wirkung der einen Naturkraft »Gravitation« meint Kant ableiten zu können, dass sich durch mechanische Bewegungen die Planeten gebildet hätten und die entsprechenden Bahnen um die Sonne. Die Schrift Kants wurde lange nicht veröffentlicht, weil sie hochbrisant war. Denn natürlich bot dies das erste Mal einen Beweis, dass Ordnung entstehen kann ohne göttliches Eingreifen – aus Prozessen, die bereits unter einem einzigen Naturgesetz Ordnung generieren müssen. Und wenn dies gilt, ist auch das Prinzip von Anfangs- und Folgezustand naturwissenschaftlich beschreibbar und beweisbar. Nichts im Weltall kann ewig existieren, denn es hat eine eigene Geschichte. Mehr noch: Dieses Erklärungsmodell ist nicht nur anwendbar auf unser Sonnensystem. Es ist im Grunde anwendbar auf jedes andere Erscheinungsobjekt im Universum.

Letztlich auch auf den Menschen?

Letztlich auch auf den Menschen. Aber so weit hat Kant noch nicht gedacht. Er hat nicht evolutiv im Raum der Biologie gedacht. Aber er hat immerhin vermutet, dass die sogenannten »Nebel« ferne Welteninseln seien. Kant konnte sich aber nicht vorstellen, dass unser Universum womöglich noch viele andere »Universen« zur Seite hat. Kant hatte keine Ahnung von der Ausdehnung auch nur unserer Galaxis. Aber seine Idee war gleichwohl revolutionär.

Und nun geht es Schritt auf Schritt. Die Naturwissenschaften entwickeln sich immer weiter. Insbesondere ist der Evolutionsgedanke bei Charles Darwin (1809–1882) zu erwähnen. Was Kant eigentlich in diesem Problemkreis angedeutet hat, ist, dass das Problem der Theodizee in der Theologie sich durch den Entwicklungsgedanken viel einfacher beantwortet: Warum die Übel in der Welt? Warum die furchtbaren Katastrophen? Eine einzige Überschwemmung, ein Hurrikan, ein Erdbeben, ein Vulkanausbruch, ein Klimawechsel von lokaler oder großflächiger Wirkung, das alles ist normal in der Natur.

Für die Theologen waren Krankheiten, Seuchen, Schicksalsschläge, die die Menschen betrafen, eigentlich nur der Ausweis dafür, dass die Naturordnung gestört sei. Gott konnte nur eine gute, geordnete Welt geschaffen haben. Und wenn so viel Leid darin liegt, musste gegen Gott ein Akteur gefunden werden, der den großartigen Plan des Allmächtigen durcheinanderbringt, der Teufel eben. Diese Erklärung ist bis heute in den theologischen Traktaten zu finden. Doch natürlich unbeantwortbar bleibt es, wieso ein allmächtiger Gott seinem Gegenspieler diesen Raum einräumt.

Wenn mein Vater wütend war, konnte er sagen: »Jetzt schlag doch Gott den Deibel tot!« Das wäre eigentlich das Normale, was man denken sollte. Jemand, der einen Gegenspieler hat, kann nicht allmächtig sein. Schon gar nicht in diesen Ausmaßen. Denken wir nur an die großen Katastrophen der Urzeit, an die Meteoriteneinschläge zum Beispiel. Kant hat genial bis heute vorhergesehen, was zur Erklärung der Natur tauglich wäre: Absolut kein Eingreifen Gottes vereinbart sich mit der Methodologie der Naturwissenschaften. Das ist der Punkt. Doch die Theologie hat an dieser Stelle das Problem nie aufgegriffen, obwohl sie das unbedingt hätte tun müssen. Darwins Problem ist ja nicht, dass sich irgendetwas entwickelt hat, weil Gott so nett war, seine Schöpfung evolutiv auszulegen. Gott: Ein dynamischer Schöpfer! Ein neuer Lobspruch Gottes!

Das Problem liegt im Bösen. Georg Büchner (1813–1837) hat vollkommen recht: Das Leid ist der Fels des Atheismus. Darauf muss geantwortet werden. Und dann sind wir bei der

Botschaft Jesu. Darum muss sich alles zentrieren. Es geht nicht nur um das Problem der Rechtfertigung Gottes, sondern um einen Perspektivenwechsel. Die Theologie weiß nicht besser als die Naturwissenschaften, wie die Dinge laufen. Sie hat keine magische Hand im Hintergrund, um für übernatürliche oder widernatürliche Erklärungen zu sorgen. Es gilt, wie bei Descartes, klar zu sehen und dennoch im Inneren einen festen Bezug zu finden.

Es geht so weiter. Im 19. Jahrhundert haben wir die Evolutionstheorie, haben wir den Atheismus der psychologischen Aufklärung bei Ludwig Feuerbach (1804–1872), der Gesellschaftskritik bei Karl Marx (1818–1883), der seelischen Reduktion der Religion auf frühkindliche Erlebnisse bei Sigmund Freud (1856–1939). Es geht Schlag auf Schlag. Und nichts, wirklich nichts von alledem berührt die Theologie fundamental – bis heute. Wer von Psychologie redet, ist abgeschrieben. Psychologie ist keine Theologie. Kosmologie – »wissen wir« auf Grund der Schöpfungslehre. Das Leid der Tiere muss uns nicht betreffen, weil es ja nur Tiere sind. Man könnte wütend werden über so viel Blindheit! Das Ergebnis jetzt ist eine Ghetto-Kirche, die sich im Grunde nur noch um sich selber dreht und gedreht wird.

Isolationäres Denken!

Eine Insel der Seligen, die von den Menschen nicht mehr aufgesucht wird. Die Kirche hat auch angesichts der Entwicklungen und Verwerfungen der modernen Gesellschaften den Kontakt zur Wirklichkeit verloren. Sie verharrt nach wie vor in ihren Strukturen, im Patriarchalismus, gleich einer absolutistischen Monarchie des 16. Jahrhunderts, in ihrem Papstzentralismus; sie lehrt eine Sexualethik, die von irgendeiner Biologie her nicht wirklich etwas zur Kenntnis nehmen muss; sie hat eine politische Struktur, die eigentlich immer noch im

Staat-Kirche-Denken des Mittelalters gefangen ist, sie herrscht herunter auf ihre Untertanen als die einzige wirklich absolutistische Herrschaftsform, die durch keine Aufklärung irgendein Korrekturbedürfnis verspürt hat. Wie soll so viel Unlebendigkeit geistigem Leben dienen?

Ganz aktuell kann man das wieder am kirchlichen Konflikt über den »Synodalen Weg« in Deutschland sehen. Rom geht gar nicht auf die Inhalte ein. Da wird die Position einer Ortskirche einfach juristisch erledigt. Quod non! Das darf nicht sein! Wir sagen euch, wie es gemacht wird beziehungsweise nicht gemacht wird.

Die Kirche ist bis heute ein Rechtsraum eigener Prägung. Insofern eine Parallelgesellschaft.

Die Kirche setzt Recht. Ein anderes Recht, als das von ihr gesetzte, gilt nicht.

Siehe das kirchliche Arbeitsrecht: Kirchliche Mitarbeiterinnen und Mitarbeiter dürfen nicht streiken oder gar Tarifverhandlungen anstreben.

Das ist eine wirkliche Anmaßung!

Es ist eine Anmaßung gegenüber Gott. Es ist eine Frechheit gegenüber den Menschen. Es ist unverschämt gegenüber der Politik. Man muss dazu noch sagen: Dieser Zustand ist einzigartig in Deutschland. Da herrscht immer noch der Rest des Kaiserreichs. Im 21. Jahrhundert!

Man hat in der Kirche offensichtlich noch nicht bemerkt, dass das Leben der Menschen inzwischen ganz anders läuft. Und wo man es zu bemerken beginnt, schiebt man es weg, zur Seite. Was nicht sein darf, das nicht sein kann!

Wir müssen eines noch sachlich hinzufügen: Wenn wir sagen, in Deutschland herrscht immer noch ein Rest des Kaiserreichs, meinen wir nicht nur die katholische, sondern auch die evangelische Kirche. Deren »Papst« war der Kaiser. Sie hatte als »Papst« den jeweiligen Landesherrn als oberste Schutzmacht. Gegen diese Regionalisierung des Glaubens unter staatlicher Verwaltung ist der Katholizismus paradoxerweise eine fortschrittliche Bewegung. Darin läge tatsächlich eine große Chance. Der Katholizismus ist universell. Er hat nie rein regionale Sonderinteressen vertreten. Das kann auch bei Reformversuchen der jeweiligen Ortskirche hinderlich werden. Der Papst hat zum Beispiel zu beachten, wie man in Zentralafrika denkt, wie man auf den Philippinen denkt, wie man in Rio und in Buenos Aires denkt. Es geht nicht nur um Europa. Und man kann denken, dass im Vatikan der blühende Atheismus und die wachsende Religionslosigkeit Nordamerikas und Westeuropas vernachlässigt werden können zugunsten des tatsächlich aufblühenden religiösen Begehrens in den Ländern, die wir einmal als die Länder der Dritten Welt bezeichnet haben.

Da sind aber auch Länder dabei, die genau die alte Bewegung oder Nichtbewegung wiederholen, die man in Europa schon hinter sich hat.

Ja, das ist so. Doch das ist ein Übergangsphänomen. Wir werden ganz sicher in ein paar Jahrzehnten erleben, dass die geistigen Probleme, die im Hintergrund der Entstehung von Naturwissenschaft und Technik stehen, die Veränderung des Weltbildes, die damit einhergeht, auch diese Länder in voller Wucht treffen werden. Die Probleme, die wir hier uns verweigern zu lösen, sind von grundsätzlicher Bedeutung. Darum muss man sich also kümmern. Sonst verliert die Religion ihre letzte Basis. Es ist nicht möglich, von Gott zu reden und gleichzeitig ein falsches Naturbild zu verteidigen.

Ein Problem, das wir nur gestreift haben, aber doch noch einmal ansprechen sollten, ist die ungeheure Veränderung, die geistig Ende des 18., Anfang des 19. Jahrhunderts durch die Aufklärung in Gang gekommen ist.

Da treffen wir noch einmal auf Immanuel Kant: Gott kann nichts sagen, das der Vernunft widersprechen würde. Und er muss auch nichts sagen, was die Menschen sich selbst sagen können. Moral muss daher in der Vernunft des Menschen selber liegen. Sie ist generell nur möglich unter der Voraussetzung von Freiheit. Also ist der Kern aller Moral die Autonomie des Subjekts. Nicht, was ihm von außen vorgeschrieben wird, sondern nur, was er selber denken kann, bietet die Basis der Moralität, der Menschlichkeit, des Zusammenlebens. Ergo auch der politischen Ordnung. Diese Konsequenz hat Kant außerhalb der Moralität des öffentlichen Handelns im Prinzip der Publizität und im Ethos des Friedens nicht weiterverfolgt. Aber das war der zündende Funken für die Französische Revolution 1789. Darauf basierten dann die grundlegenden Systemveränderungen, die sich mehr oder weniger schnell im Raum der Herrschaft alten Stils auszubreiten begannen. Spätestens nach dem Ersten Weltkrieg (1914–1918) brechen die Reste des veralteten autoritären Systems zusammen. Nach den 14 Millionen Toten, die dieser Krieg gefordert hat, musste jeder begreifen, dass das ancien régime nicht nur in sich falsch, sondern auch fähig zu ungeheuren Verbrechen war. Also Schluss damit!

Für die Kirche allerdings hatte das alles scheinbar keine Bedeutung. Der Kirchenstaat wird 1870 gestürmt, und die Italiener werden unter Vittorio Emmanuele (1861–1872) monarchisch, aber durch Garibaldi (1807–1882) nationalistisch und selbstbestimmt. Rom wird zur Hauptstadt Italiens.

Und wieder sehen wir die typische Konsequenz des Katholizismus: Das Unfehlbarkeitsdogma im Ersten Vatikanischen Konzil ist die Antwort auf die politische Entmachtung. Wir müssen diese Logik als fundamental betrachten, denn auch das hat eine lange Staats- und Kirchengeschichte. Dazu gehört schon im 13. Jahrhundert die Geburtsstunde der Inquisition. Man will mit Vorschriften und Drohungen in das Innerste der Menschen eindringen. Ihn zwingen, ihn höchstpeinlich verhören, ihn unter Qualen nötigen, die Wahrheit zu gestehen.

Welche Wahrheit?

Das bleibt die Frage: Ist er irrgläubig, steht er mit dem Bösen im Bunde, ist er ein Irrlehrer? – Der Mensch muss offenbaren, was er wirklich denkt. Und dafür, bei abweichenden Gedanken, wird er bestrafbar. Es besteht die Paradoxie, dass man im Folterverhör das Individuum ernst nimmt. Man kümmert sich bis ins Innerste hinein um den Einzelnen. Aber nicht um die Psychologie des verdächtig Geworden, sondern um seine Angleichung an die Lehre der Kirche.

Wenn die nicht vorliegt oder zustande kommt, ist im Kampf gegen Teufel im Grunde alles erlaubt.

Herr Drewermann, Sie haben das doch am eigenen Leib und an der eigenen Seele erlebt, dass man Ihnen kirchlicherseits Papiere vorgelegt hat, denen Sie »nur« zustimmen mussten, und dann war alles in Ordnung. Die Lehre von der Jungfrauengeburt zum Beispiel.

Ja, das war und ist bis heute so. Die Inquisitionsbehörde von einst ist heute die Römische Glaubenskongregation. Und sie hat ihre Verhörverfahren im Grunde nicht wirklich verändert. Da wird ein Tableau von Vorwürfen aus den Äußerungen des Beschuldigten extrahiert, das auf keine Weise noch eine Anbindung an den ursprünglichen Kontext in seinen Werken erkennen lässt; es kommt zu einer willkürlichen Montage von Aussagen, die Sie in dieser Weise nie gemacht haben. Man behandelt Sie wie einen schon Toten, dessen Knochen man sammelt, um eine Art Dinosaurier zu rekonstruieren. Und den muss man dann natürlich abschaffen. Das alles ist gespenstisch. Die Kirchenmacht etabliert sich im Raum der Seele, um die politische Macht, die verloren gegangen ist, zu kompensieren.

Dasselbe finden Sie, wie schon erläutert, in der Erklärung der Unfehlbarkeit des Papstes 1870 im Ersten Vatikanischen Konzil. Die politisch eingetretene Ohnmacht wird mit einem geistigen Totalanspruch beantwortet. So macht das die katholische Kirche bis heute: Sie nimmt die Krisen, in die sie hineingerät, nicht zum Anlass, sich zu fragen, was im Inneren nicht stimmt, wie man geistig darauf antworten könnte, sondern sie reagiert administrativ, autoritär, dogmatisch, mit Verfestigung der vorhandenen Strukturen. Mit anderen Worten: mit einer absoluten Ideologie, die sich verhärtet statt sich geistig zu erneuern.

Wenn man nun die heutigen Wirklichkeiten des tatsächlichen Lebens anschaut, dann kann man doch ganz unbezweifelbar feststellen, dass immer mehr Menschen das nicht mehr bedeutend für ihr Leben finden, was diese Institution abspult. Sie wenden sich ab. Ohne großes Getöse und Geschrei. Sie gehen einfach weg.

Die Kirche, das ist meine Behauptung, kann sich nur so betonmäßig verhalten, weil sie noch Unmengen von Geld hat und über gigantische Reichtümer verfügt. Die katholische Kirche ist nach dem Staat der zweitgrößte Großgrundbesitzer in Deutschland. Sie weiß nicht wohin mit ihrem vielen Geld. Und steckt es in die Renovierung vom Feinsten in Kirchen, in die keiner mehr geht. Mein Verdacht bleibt: Geld ist der entscheidende Punkt, so etwas wie das achte Sakrament, hochverehrt. Würde man der Kirche das Geld entziehen, dann würde sie noch eine Weile vom Verkauf der Immobilien überleben. Aber dann würde alles sehr schnell zusammenbrechen, ganz konkret. Das ist einer der Gründe, dass dieses abgelebte System noch überleben kann.

In der Tat: Die Kirche kann es sich leisten, so weiterzumachen. In Frankreich sagt man: Geld ist der Nerv des Krieges. Man braucht, um zu wirtschaften, Geld. Und man weiß auch, wo man es herbekommt. Wieder ist da Deutschland weltweit singulär mit dem Einzug der Kirchensteuer durch den Staat. Was sich die Kirche leistet, ist Wirklichkeitsverweigerung.

Natürlich! – Nur, die Situation hat sich furchtbar geändert, ohne dass die Kirche die Schrille der Alarmsirenen vernimmt. Stellen Sie sich noch einmal Jan Hus (1370–1415) oder Martin Luther vor. Das waren Persönlichkeiten, die vor fünfhundert, sechshundert Jahren für eine religiöse Wahrheit in den Tod gingen oder ihn riskierten, weil sie im Widerspruch zur amtlich verordneten Wahrheit der Kirche standen. Da stand alles auf dem Spiel. Und es war ihnen wert, sich dafür einzusetzen.

Den Heutigen ist die ganze Aufregung um die Kirche, eine solche Bündelung seelischer Energie nicht mehr wert. Sie sagten es eben: Man geht weg, weil »es« einem egal geworden ist. Das ist die Antwort auf eine Kirche, der es egal war und immer schon gewesen ist, was die Leute von sich her denken. Man bekommt jetzt die Antwort aus dem Echo von Jahrhunderten. Die Vergleichgültigung dessen, was in den Gläubigen vor sich geht, wird jetzt beantwortet durch die Vergleichgültigung der Kirche in den ehemals Gläubigen. – In diesem Wechselspiel ist natürlich auch die Geldfrage wesentlich: Je weniger Gläubige, desto weniger Kirchensteuereinnahmen. Das, mit Sicherheit, ist ein Hauptgrund für einen neuen Reformansatz. Geldmangel lässt sich nicht aussitzen. Die nächste Wirtschaftskrise wird einen tiefen Einbruch bei den Finanzeinnahmen hervorrufen, und der Rückgang der Gläubigen wird sich dann auch entsprechend monetär auf die Kirche auswirken.

Das System bereitet sich ja schon darauf vor. Die Finanzfachleute der Kirche sehen das ganz deutlich. Sie legen schon wie die Hamster und Eichhörnchen Vorräte für die kalte Zukunft an.

Da gibt es eine ganze Menge Vorräte. Die Kirche hat enorme Rücklagen gerade in Grundstücken. Das ist mir im Kirchenrecht noch beigebracht worden: Grund und Boden der Kirche darf kein Pfarrer am Ort auf eigene Faust veräußern. Das muss er dem Bischof melden. Wie man mit Geld umgeht, weiß man in Rom. Und da ist Deutschland für den Vatikan von enormer Bedeutung.

Umso mehr hätten wir hier in Deutschland darüber nachzudenken, wie lange wir das mitmachen wollen angesichts der skandalösen finanziellen Machenschaften des Vatikans bis in die jüngste Vergangenheit hinein, – denken wir nur an die kriminellen Praktiken beim Zusammenbruch der »Banco Ambrosiano« und die dunklen Geldgeschäfte sogar mit der nordamerikanischen »Cosa nostra«. Umso wichtiger ist es, dass wir uns auf geistige Inhalte besinnen.

24
Die Kirche hat einen Auftrag für die Welt und nicht für die Erhaltung ihres Systems
Anpassung und Widerstand

Ich möchte gerne noch das Thema »Anpassung und Widerstand« nennen. Es ist eine innerkirchlich immer wieder aufflammende Diskussion, wie weit sich die Kirche »der Welt« anpassen oder ihr Widerstand leisten soll. Das Zauberwort »Kontinuität« – in einem verkehrten System – wird immer wieder ins Feld geführt, um wirkliche Reformansätze zu verhindern. »Wie du warst vor aller Zeit, so bleibst du in Ewigkeit.«

Es gibt das narzisstische Selbstbild, das Kardinal Bellarmin (1542–1621), der auch in den Prozess um Giordano Bruno (1548–1600) verwickelt war, um 1600 etablierte: Die Kirche ist eine »societas perfecta«, eine vollkommene Gesellschaft. Sie ist sozial vollkommen geordnet. Es hat etwas für sich, das so zu sehen. Die perfekte Verfasstheit geht freilich zu Kosten der Freiheit der Menschen! Es handelt sich um eine totalitäre, staatsähnliche Einrichtung, um eine gottgegebene autoritäre Monarchie, in der sich die Kirche heute zeigt. Perfekt!

Was soll man da noch ändern, wenn alles perfekt ist?

Es rührt sich keine Maus mehr in der Kirche. Es ist kein Leben mehr darin zu finden.

Dafür haben wir sogar einen Kronzeugen, der auf den ersten Blick nicht zu vermuten steht: Es ist Papst Benedikt XVI. Er hat bei einem Deutschlandbesuch moniert, dass die Kirche in Deutschland viel zu reich und deshalb unbeweglich und zu wenig spirituell ist, so dass sie sehr behäbig auf den Stühlen sitzt. Da ist was dran.

Aber aus dem Munde von Joseph Ratzinger klingt das vergiftet.

Natürlich. Er hat im Schatten von Johannes Paul II. die Bewegung der Armut, die Theologie der Befreiung in Lateinamerika, ideologisch als marxistisch diffamiert. Und was er dagegensetzen wollte, war eine »Neuevangelisation« in Vertiefung der überkommenen Lehren in seiner althergebrachten Theologie. Ich fürchte, die gesamte Denkweise der metaphysisch-scholastisch argumentierenden Glaubenslehre der Kirche ist nach dem Rücktritt dieses Papstes nicht mehr zu erneuern.

Ich habe mit ihm 1983 in seinem Büro in der Glaubenskongregation ein Interview gemacht, in dem er mir seine To-do-Liste zeigte, die er sich vorgenommen hatte. Er hat einen Punkt nach dem anderen erledigt in den Jahren seiner Amtszeit als Präfekt der Glaubenskongregation. Menschen kamen darin nur als Beschuldigte vor, der Kirche zuwiderzuhandelnd. Es war schrecklich. Aber eben typisch für das pervertierte System. Da ging es nicht mehr um die Menschen, sondern nur noch um das System. Und heute sehen wir: Das System ist der Fehler.

Ja! Es geht im Sinne Jesu um die Veränderung der Welt. Um Menschen geht es. Die Kirche hat einen Auftrag für die Welt und nicht für die Erhaltung ihres Systems. Sie nimmt, wenn sie so bleibt, ihre eigenen Verkündigungsworte nicht wahr.

25
Was also ist zu tun?

Was soll an die Stelle eines Systems treten, das sich in einem rasanten Zusammenbruch befindet. Damit sind wir auch wieder ganz nah bei der Frage, was Jesus gewollt hat.

Es ist die Frage oder das Problem, wofür eine religiöse Institution wie die Kirche gebraucht wird und wie sie sich so aufstellt, dass sie brauchbar wird oder bleibt.

Aus der Botschaft Jesu haben wir bereits eine Reihe von Schwerpunkten gewonnen, die pflichtmäßig zur Aufgabe und zum Inhalt des Selbstverständnisses einer christlichen Kirche gehören. Und wir haben betont, dass das nicht eine Sonderauffassung ist, die in theologischer Tradition weitergereicht wird, sondern anknüpft an Grundbedürfnissen, die im Menschen liegen. Mit Augustinus (354–430) kann man sagen: »Das Christentum hat es schon immer gegeben, nur als es endlich kam, hat man es Christentum genannt.« Er wollte sagen: Wovon wir reden, sind Probleme, die in jedem Menschen liegen, und so müssten wir sie artikulieren.

Karl Rahner: Anonymes Christentum.

Wir kommen ganz sicher noch darauf, wie wir denn überhaupt die Unterscheidung zwischen gläubig und nichtgläubig lediglich entlang von Kirchenstatuten aufrechterhalten können, statt nach innen zu schauen und wahrzunehmen, was in Menschen wirklich vor sich geht.

Da deuten Sie mit Recht an: Es gibt viele Menschen, die im

eigentlichen Sinne das tun, was Jesus möchte, und als gläubig bezeichnet zu werden verdienen. Während andere dem Namen nach bei jeder Fronleichnamsprozession und jedem Schützenverein mitmarschieren und doch von dem, was Jesus wollte, herzlich wenig verstanden haben.

Im 10. Kapitel des Lukasevangeliums steht ein außerordentlich eindrucksvolles Gleichnis Jesu, das dazu motiviert, darüber nachzudenken, was denn »christlich« sei (Lukas 10,25–37). Da fragt man Jesus: Wer ist mein Nächster? Und er antwortet, im Grunde antiklerikal im Extrem, mit der folgenden Erzählung: Da liegt ein Schwerverletzter am Straßenrand, und ein Priester geht auf dem Weg von Jerusalem nach Jericho an ihm vorbei. Das muss er sogar tun, um koscher, rein, nach dem jüdischen Gesetz zu bleiben. Denn wenn der Schwerverletzte schon tot wäre, dürfte er ihn nicht anfassen, sonst würde er sich rituell verunreinigen (Levitikus 21,1–2). Das Gebot im Kopf hindert ihn daran, das Selbstverständliche zu tun und einem Menschen, der in Not ist, zu helfen. In seinen Fußspuren folgt auch ein Levit. Er müsste, strenggenommen, nicht so handeln, wie der Priester, aber er folgt seinem Vorbild. – Gefragt, wo Gott wohnt, wird man wohl sagen: Natürlich im Tempel! Doch Jesus sagt: Hört nicht auf die Priester, hört nicht auf die Schriftgelehrten! Hört einmal auf euch selber, auf das, was euer Herz befiehlt an Mitleid, an Menschlichkeit. Das ist die Rede Gottes. Wer ihr folgt, der ist vor Gott ein Gläubiger. Und um das ins Extrem zu treiben, bringt er einen Samariter in sein Gleichnis. Die Samariter sind genau die Leute, die seit 500 Jahren, seit Esra, unter dem Verbot stehen, am Kult im Tempel, den man neu errichtet hat, teilzuhaben (Esra 4,1–3). Sie sind Gegner des orthodoxen Judentums, das sich nach dem babylonischen Exil neu aufgebaut hat. Gegen die Hoffnung des Ezechiel (Ezechiel 37,15–28), des Jeremia (Jeremia 3,18) und auch gegen das Bemühen Jesu. Jesus will diese Grenzen nicht. Wenn er also diesen Samariter ins

Gleichnis einführt, will er im Grunde sagen: Diese, die den Tempel von Jerusalem nicht wie ein Brett vor dem Kopf tragen, die sind imstande, das Selbstverständliche zu tun und Menschen zu sein.

Wo wohnt Gott? – Gott wohnt da, wo ein Mensch in das Elend des anderen hineingeht. Der das tut, der ist im Sinne Gottes ein Gläubiger. Ob er sich so nennt, ob er so oder so definiert wird, welcher Behörde er zugehörig ist oder zugeschrieben wird, ist völlig uninteressant für Jesus.

Ein Freund von mir, Arzt, streng katholisch geprägt, hat mir vor kurzem gesagt: Mir bricht auf Grund vieler Erfahrungen derzeit mein alter Glaube zusammen. Aber ich habe Angst vor dem Zusammenbruch. Was bleibt mir denn dann noch? Was bleibt Menschen noch, die eine so starke kirchliche Prägung haben durch eine willkürlich absolut gesetzte Wahrheit?

Hier zeigt sich, wovon wir die ganze Zeit geredet haben und reden. Zusammen bricht inmitten einer Welt der Widersprüche und des Leids der Kirchenglaube an einen Gott, der eingreift und hilft, der da ist, um einen Krankheitsprozess zu verändern oder das Leben zu verlängern. Dieser Gott existiert nicht. Und das ist eine Enttäuschung für alle, die auf den Eingreif-Gott gebaut haben oder kirchlich so geprägt worden sind.

Umgekehrt: Wonach dieser Mann fragt und was er spürt, ist, dass er ohne Gott nicht leben kann. Das ist die Wirklichkeit. Da müsste die Theologie ansetzen. Der Umbruch, den Sie von einem Einzelnen schildern, ist der nämliche Umbruch an jeder Stelle, wo Sie heute auf den sogenannten Unglauben treffen.

Nehmen wir noch einmal die Frage von Karl Rahner: Wieso können wir so klar wissen, wer zur Kirche gehört oder nicht? Martin Luther war sich schon nicht sicher, ob das, was in Wittenberg gemacht wurde, eine wirkliche Kirche werde. Es sollte überhaupt keine andere Kirche sein nach seiner Vorstellung, sondern ein Anstoß zur Veränderung der einzig wahren römischen Kirche. In Wirklichkeit glaubte er jedoch an die unsichtbare Kirche. Und ihr gehören die meisten Menschen an.

Karl Rahner, Sie warfen es vorhin ein, hat damals die höchst diskutierte und kritisierte Lehre vom anonymen Christen entwickelt. Für diese Theorie hatte er ein Argument, das ihn offenbar auch biografisch sehr beschäftigte: Wie geht man mit dem Tod um? – Wir sagten schon: Das ist ein Menschheitsproblem, das jeden Einzelnen betrifft. Rahner fragte, was man angesichts der sicheren Tatsache der Sterblichkeit für ein Lebenskonzept entwirft und durchhält.

Wie viel Wagemut hat jemand, sein Leben zu riskieren im Widerstand gegen Unrecht? Im Widerstand gegen Gewalt? Im Widerstand gegen Diktatur und Unmenschlichkeit? Wer getraut sich, Befehle zu verweigern beim Militär? Wer leistet Widerstand gegen die formierte Ordnung beim Aufmarsch zu Hinrichtungen? – Wenn auf den Tod und das baldige Ende des Lebens die Angst antwortet, wird die biologische Forderung geradezu zwingend lauten, möglichst lange leben zu wollen. Man wird die Gefahr vermeiden. Man wird sich selber fragen, ob man noch realistisch ist, wenn man zu viel opfert für etwas, bei dem nichts herauskommt. Das ist auch die Frage Jesu am Kreuz: Für welch eine Wahrheit lohnt es sich geradezustehen? Da sind wir wieder bei Jan Hus und anderen »Opfern« der Kirche oder anderer Systeme.

Was ist etwa mit Carl von Ossietzsky (1889–1938)? – Er glaubte nicht an Christus. Aber es war ihm am Ende auch egal, ob er an Marx oder an eine andere Auslegung des Marxismus glaubte. Er glaubte an Menschlichkeit und dass Friede notwendig ist. Das glaubte er. Und dass Menschen Menschen sind, die nicht vom Militär kujoniert werden dürfen. – Es gibt ein Beispiel aus dem Konzentrationslager: Man ließ ihn antreten und zwang ihn unter vorgehaltenen Gewehrläufen, das Horst-Wessel-Lied zu singen. Ossietzsky sang aber vor den Gewehrläufen das Lied der Kommunisten: »Völker höret die Signale! Auf zum letzten Gefecht! Die Internationale erkämpft das Menschenrecht!« Das war nicht als marxistisches Bekenntnis gemeint, das war innerlich. Da rappelte er sich selbst zum äußersten Widerstand zusammen: Erschießt mich doch! Es gibt eine Wahrheit, die werdet ihr nicht töten! Mich könnt ihr töten, bitte schön! – Wenn Menschen so sind gegenüber dem Tod, dann würde Karl Rahner sagen: Das ist die Art, wie Christus stirbt am Kreuz. Das ist anonymes Christentum. Ob man es selber weiß, ist nicht wichtig. Wir, die Christen, sehen das unter den Augen Gottes als ein Zeugnis der Menschlichkeit. Das gilt im Absoluten.

Wir könnten uns in dieser Perspektive jetzt einfach mal umsehen: Der einzige Politiker, der die Bezeichnung christlicher Gesinnung verdient, ist, in meinen Augen, der Hindu Mahatma Gandhi (1869–1948). Er ist der Einzige, der erklärt hat: Ich weiß, dass die Bergpredigt funktioniert. Man muss sie nur einmal leben. – So etwas war und ist unmöglich in Europa zu denken. »Mit der Bergpredigt kann man nicht Politik machen.« Das hat sogar Helmut Schmidt gesagt. Das ist offenbar die einzige Glaubensüberzeugung »christlicher« beziehungsweise westlicher Politiker. Ein Hindu wie Mahatma Gandhi aber, der gar nicht nur Hindu sein wollte, sagte: Ich bin Hindu, Muslim und Christ. Er hat die Bergpredigt so ernst genommen, dass er die Freiheitsbewegung in Südafrika und dann in Indien gegen die Engländer gestaltete. Er hoffte, dass die Engländer, wenn sie sich schon Christen nannten, auch so etwas wie ein Gewissen haben. Also: wenn englische Polizisten genötigt werden, beim Marsch tausender Demonstranten zum Strand, um Salz aus dem Meer zu schöpfen, Leute, die sich nicht wehren, die keine Hand zur Faust ballen, die alles mit sich machen lassen, mit Knüppeln niederzuschlagen, bis wer weiß wie viele blutig am Boden liegen, dann wird der Abend damit enden, dass man sich in London fragt, was man eigentlich für eine Kolonialmacht ist und welch einen Anspruch man hat, als sogenannte Christen über freie Menschen zu regieren und in dieser Weise gegen sie vorzugehen. Sie werden mit ihrem Gewissen in Widerspruch geraten. Das ist mehr, als mit allen militärischen Mitteln oder mit aktivem Widerstand zu erreichen wäre.

Ein solcher Mann, Gandhi, ist ein Christ. Was denn sonst? Er hat die Bergpredigt absolut verstanden: Wenn sie dich auf die rechte Wange schlagen, dann halt die linke hin! (Matthäus 5,39). Gandhi sah im Gegner einen Menschen, der auf Grund dessen, was er tut, zur Besinnung kommt. Das ist ein Vertrauen, das man haben muss, wenn man die Welt ändern möchte.

Dann können wir an Martin Luther King (1929–1968) denken. Er war ein Christ. Aber nicht gerade ein Katholik. Er wurde vor allem in den Südstaaten Amerikas mit seinem Traum von der Gleichheit der Farbigen und Weißen in der Zeit des Vietnamkrieges den Militärs und den konservativen Falken gefährlich. Martin Luther King konnte das, was ihn am Ende erwartete, kommen sehen. Und er ist dennoch keinen Zentimeter zurückgewichen.

So könnten wir jetzt fortfahren. Wie viele Unbekannte gibt es, die sich so verhalten! Die nie in einer Zeitung stehen und die in ihrem kleinen Leben massivste Einbußen erleiden, indem sie versuchen, das Richtige zu tun. Die zum Beispiel den Arbeitsplatz in einer Firma verweigern, von der sie wissen, dass sie militärisch relevante Produkte herstellt. Sie wollen da nicht mitmachen. Also riskieren sie eine ganze Weile Arbeitslosigkeit. Sie geraten mit ihren Familien in größte Schwierigkeiten. Sollten wir jetzt nicht sagen: Das ist ein Zeugnis für

Christus, auf das nur niemand hört? Sie werden vermutlich auch nicht viel erreichen. Aber sie tun das Richtige.

Die jetzt existierende Kirche kann mit solchen Leuten nicht viel anfangen.

Jetzt sind wir an dem Punkt, zu fragen: Für was braucht man denn überhaupt so etwas wie eine Kirche? – Sie ist, sie wäre als größere Gruppe unbedingt nötig, als Pressuregroup, zur Durchsetzung von Zielsetzungen, die von Jesus selber initiiert wurden und die ihr verpflichtend übergeben wurden.

Gehen wir doch einmal die Momente durch, in denen die katholische Kirche im Sinne Jesu tatsächlich gebraucht wird.

Die römisch-katholische Kirche hat über 1,2 Milliarden Mitglieder auf dem Globus. Das ist nicht gerade wenig. Damit wäre etwas zu machen. Nur damit wird nichts gemacht. Weil der Papst zwar unfehlbar ist und eine zentrale Macht besitzt, es aber nicht wagt, über seine Bischöfe Dinge, die evident sind, wirklich durchzusetzen. Nehmen Sie das bezeichnende Beispiel unter Papst Franziskus jetzt: Das erste, was er getan hat, als er zum Papst gewählt wurde, war, nach Lampedusa zu fahren und auf das Elend der Flüchtlinge im Mittelmeer hinzuweisen. Ohne wirkliches Ergebnis. Es ist seinen Katholiken offenbar weitgehend egal, was da passiert. Franziskus aber wollte, dass es uns nicht gleichgültig ist, weil es Menschen sind und weil die Flüchtlinge in Kriegen bombardiert wurden, die wir selbst geführt oder mit Waffen unterstützt haben.

Libyen ist mutwillig zerstört worden, um Gaddafi abzuschaffen. Dasselbe im Irak. Auch da viele Flüchtlinge in zwei Kriegen hintereinander, 1991, 2003, um Saddam Hussein loszuwerden.

Syrien wird bombardiert mit dem Ziel: Assad muss weg! All das sind Folgen von dem, was die Militärs, EU und USA, anrichten. Und die NATO! – Franziskus will das nicht. Er will mindestens, dass man sich um die Folgen dieser internationalen Verbrechen kümmert. Hat man aber irgendjemanden in der Kirche in Deutschland bisher dazu gehört? – Immerhin: Bedford-Strohm von der Evangelischen Kirche in Deutschland hat gerade einen Seenot-Kreuzer gekauft und will im Mittelmeer schauen, was damit zu machen ist. Das ist ein wichtiges Zeichen für ein richtiges Ziel.

Was jedoch wäre, wenn die katholische Kirche einmütig das täte, was Papst Franziskus will und Jesus ganz sicher möchte, was jeder Gläubige als richtig begreifen würde?

Oder: Was ist mit Trumps Mauer gegen Mexiko?

Was ist mit den Fluchtbewegungen, die im Nahen und im Fernen Osten hunderttausende von Menschen betreffen?

Wenn der Menschensohn wiederkommen wird, wird eine der Fragen, die er nach dem Wert unseres gelebten Lebens stellen wird, lauten: Ich war fremd, und was habt ihr gemacht? (Matthäus 25,35) – Ihr habt Gesetze erlassen, um mich möglichst schnell abzuschieben. Ihr habt Menschen ertrinken lassen, und es war euch egal. Ihr habt ohne zu weinen zugesehen, was die Folgen eurer Handlung waren. Ich war fremd, und ihr habt verweigert, Gott aufzunehmen, denn diese Fremden waren Gott. Gottloser kann man nicht sein. Hört auf zu reden! Ihr, die ihr euch Christen nennt.

Ich weiß von guten Geschäften, die die Kirche mit dem Verkauf von kircheneigenen Grundstücken an Gemeinden macht, auf denen Flüchtlingsunterkünfte gebaut werden sollen.

Es kommt hinzu, dass sich christlich nennende Länder wie Polen weigern, Muslime aufzunehmen. Geht das?

Und das ist nur ein Beispiel dafür, wo man die Kirche als Pressuregroup dringlich brauchen würde.

Nehmen wir ein zweites Beispiel: die Friedensbewegung.

Sie finden bei jedem Aufmarsch, bei jeder Demo natürlich die Linkspartei, die Außenstehenden, alle möglichen politischen und gesellschaftlichen Positionen vertreten, nur ganz sicher keine katholischen Pfarrer oder gute Kirchenmitglieder. Sie haben stattdessen eine global zu beobachtende Schizophrenie oder eine künstliche virtuell organisierte Doppelbödigkeit vor Augen: In Rom wird der Papst regelmäßig den Frieden anmahnen. Das war auch in der Vergangenheit so, auch bei den früheren Päpsten. Die Brechung, die Doppelbödigkeit besteht darin, dass die Kirche sich erlaubt, Militärbischöfe, Militärgeistliche an jedem Ort zu haben, um im Grunde die Wehrertüchtigung, die Angstberuhigung der Soldaten im Angesicht des Feindes mit göttlichem Segen auszustatten. Sie wagt nicht zu sagen: »Militär ist Verrat an der Botschaft Jesu. Wir sind für den Frieden, nicht für den Krieg! Wir stützen keine Vorbereitung und kein Training zur gezielten Tötung von Menschen unter Befehl.« Das wäre die Aufgabe der Kirche. Stattdessen engagiert sie sich beim Militär. Die Militärgeistlichen in Deutschland werden noch nicht einmal von der Kirche bezahlt, sondern direkt von den normalen Steuerzahlern, weil die Bundeswehr eine Verfassungsorganisation ist. Die Soldaten kämpfen angeblich ja für uns alle als Bürger, ob sie nun gläubig sind oder nicht. Und sie müssen deshalb seelisch aufgebaut werden durch die Institution, die dafür zur Verfügung steht. Die Kirche rührt an all das nicht. – Das ist ein Widerspruch zur Botschaft Jesu. Und ein Papst, der den Frieden will, müsste diesen unhaltbaren Zustand beenden.

Die Friedensbewegung in der Bundesrepublik hingegen wurde schon in der Adenauer-Zeit niedergemacht. Natürlich mit Billigung der Bischöfe, die sich wieder mit dem Staat arrangieren mussten. Heute gibt es keine starke Friedensbewegung mehr in der Form, wie sie zu sein hätte, innerhalb der Kirche – »Pax Christi« ist noch gerade geduldet!

Ich war vor ein paar Wochen in der Ukraine für eine Zeitschriftenreportage. Dort habe ich auch mit einem Militärseelsorger gesprochen, einem Jesuiten. Ihn habe ich gefragt, wie er angesichts der Botschaft Jesu es verantworten kann, beim Militär zu sein, vorne an der Front bei den Soldaten im Osten der Ukraine? Dann sagte er: Ich habe den Auftrag, inmitten von Krieg und Untergang und blutigem Tod die Botschaft Jesu vom Frieden zu bringen. – Kann man dagegen etwas sagen?

Nein, das kann man nicht ohne weiteres. Denn er sagt eigentlich im Kontrast von Frieden und Gewalt den Soldaten, die eingezogen und ausgebildet werden: »Ihr seid dabei, in die Hölle zu gehen.« Wenn er das aber sagen würde, dann würde er sehr schnell sein Amt als Militärpfarrer verlieren. Das müsste er halt riskieren, statt weiter so zu tun, als ob er das Richtige am falschen Ort macht, ohne dass man es merkt. Tatsächlich aber wird er regierungsamtlich wie stets unter »Frieden«, den er predigt, den Sieg der eigenen Truppen im Donbas verstehen. So ist es leider üblich.

Wir haben im Balkankrieg gesehen, wie Patres auf den Panzern der Kroaten Messen gefeiert haben. Wir haben gesehen, wie die Militärgeistlichen 2003 den neuerlichen Krieg im Irak mit ihrem Gebet begleitet haben. Wir haben schon im August 1945 gehört, wie der Atombombenabwurf über Hiroshima begleitet wurde von den Militärgeistlichen: »Herr segne unsere Piloten, die sich in deinen Himmel erheben.«

In der Zeit, als in Deutschland die Bewaffnung wieder anlief, war es einzig der evangelische Theologe Helmut Gollwitzer (1908–1993), der solche Gebete eine Gotteslästerung nannte. Er trug die Theologie mit ihrem Friedensauftrag in die Politik hinein.

»Kein Katholik hat das Recht den Wehrdienst zu verweigern.« Das hinwiederum war die Botschaft der Weihnachtsansprache von Papst Pius XII. 1955. Die katholische Kirche ist ein Feld voller Brechungen. Es gibt innerkirchlich nicht den nötigen Widerstand gegen das Doppelspiel. Es gibt, zum Beispiel, eine katholische Kirche auch in den USA. Die Bischöfe gerade dort könnten mal den Mund aufmachen.

Dass sie jetzt schamhaft über die Missbrauchsfälle reden, ist erzwungen von außen, wegen der Korruptheit ihrer Moralauffassung. Aber den möglichen Tod von Millionen Menschen mit keinem Widerspruch zu belegen, mit Miltärpfarrern abzusegnen, mit Gebeten an der Front zu unterstützen, ist ein viel schlimmeres Verbrechen. Jedoch: Kein Problem bis heute. Doch sie sind mittlerweile Diener einer Kirche, die von einem Papst geführt wird, der ohne Zweifel den Frieden will! Es fehlt ihnen aber der Mut zu sagen: »Katholische Bischöfe, jetzt haben wir etwas, das uns wichtiger ist als irgendein Dogma von Chalcedon. Dies ist eine Evidenz, die wir leben müssen. Und zwar auch für diejenigen, die nicht zu unserer Kirche gehören. Wir haben eine jesuanische Forderung nach Menschlichkeit.« – Nichts von alldem höre ich.

Jetzt haben wir einen notwendigen Reformansatz angesprochen im Blick auf den Umgang der Kirche mit Macht und Gewalt. Im Blick auf die Haltung Jesu. Wir müssten noch einen weiteren wichtigen Punkt im Blick auf Reformansätze ansprechen. Es ist die Frage nach dem Verhältnis der Geschlechter untereinander. Wie da die gesellschaftlichen Strömungen laufen, ist relativ klar. Aber bei der katholischen Kirche sehe ich, gerade von der Perspektive Jesu her, einen enormen Handlungsbedarf. Oder?

26
Als Mann und Frau erschuf er sie
Das Verhältnis der Geschlechter in der katholischen Kirche

Da sehe ich keine Moraltheologie, die sich um eine wirklich liebevolle und respektierte Haltung der Kirche zwischen den Geschlechtern, Männern, Frauen, Homosexuellen und Lesben, bemüht. Nein, im Gegenteil. Es gibt nach wie vor ein Regulationssystem des korrekten Verhaltens im Sinne der Keuschheit, wie sie die Männerkirche versteht. Das hat sich nicht wirklich weiterentwickelt. Nach hundert Jahren Psychoanalyse ist in der Kirche so gut wie nichts davon angekommen. Darum muss, zum Beispiel, die Psychodynamik des Unbewussten gerade in Fragen der Liebe dieser Kirche, wie üblich, von außen beigebracht werden. Und das geschieht inzwischen durch eine veränderte Lebensform, an der vieles unsere Kritik, vieles aber auch unsere Unterstützung verdient.

Die sogenannte sexuelle Revolution von 1968 war ja keine humane Verbesserung. Sie war die industrialisierte Ausbeutung eines Nachholbedarfs im Triebbereich. Es war in vielem nicht weniger entwürdigend als das, was vorher war. Früher war die Frau dazu da, Kinder zu empfangen und zu gebären. Jetzt war sie dazu da, Lust zu bereiten, in der Hoffnung, das wollten die Frauen wirklich auch so.

Von Veränderungsbereitschaft keine Rede.

Dieser Tage noch erzählte mir jemand, er habe eine Freundin im Internet aufgegabelt. Die kam ihn besuchen, und sie waren gleich im Bett. Er wusste noch nicht einmal ihren Vornamen. Und dann wollte die Freundin wirklich etwas Dauerhafteres von ihm und bekam die Antwort: So war das nicht gemeint! – Das ist normal heute. Und natürlich nicht menschlich.

Wir könnten noch anderes nennen. Zum Beispiel den Sexismus in der Werbung. Das sind alles Symptome der Unfähigkeit, menschlich miteinander umzugehen.

Wenn wir die Haltung Jesu in dieser Frage verwirklichen wollten, dann müssten wir die alte Moralisierung bis in den Intimbereich endlich aufgeben und die Bewertungen von Handlungen und Haltungen entsprechend dem, was wirklich vorliegt und zwischen Personen sich ereignet, durch ein Verständnis der Gefühle, der Persönlichkeit, der Biografie aufnehmen. Helfen und heilen, nicht beurteilen und verurteilen sollte das Ziel kirchlicher Seelsorge sein.

Ein verschärfendes Problem dabei ist, dass diejenigen, die die moralisierende Haltung der Kirche nach wie vor vertreten, sich selber sehr oft gar nicht daran halten. Das ist eine Frage der Glaubwürdigkeit. Da sagten mir Menschen in der ländlichen Gemeinde, in der ich bis vor kurzem wohnte: Die sollen sich doch erst selber einmal daran halten, was sie von anderen fordern!

Die Lage ist tragischer, meiner Meinung nach. Diejenigen, die sich zu Priestern weihen lassen, glauben durchaus an ihre Ideale. Wenigstens war das noch vor zwanzig oder dreißig Jahren so. Sie möchten entsprechend dem, was sie sollen, auch leben. Und dann entdecken sie, dass sie mit der Abspaltung ganzer Teile ihrer Psyche nicht fertig werden. Das verdrängte Material drängt an den Seiten, drängt unterhalb der Bewusstseinsschwelle in Zonen vor, die dann als unwiderstehlich zurückkommen. So kommt es zu Durchbruchshandlungen auf einer Stufe der psychischen Entwicklung, die nicht erwachsen ist, doch deren Dynamik bis zum Kriminellen gehen kann. – Wir haben Opfer vor uns, wie soeben bei der Missbrauchsproblematik geschildert. Es ist nicht einfach eine gewollte Schizophrenie oder bewusste Heuchelei.

Allerdings ist diese psychische Brechung, wenn man so will, Standard. Wenn ein Priester eine Frau wirklich liebt, dann darf das in der Regel die Öffentlichkeit nicht wissen. Jedenfalls nicht die kirchliche Behörde. Und wenn sie es weiß, wird sie die Liebenden voneinander zu trennen versuchen. Der Pfarrer wird ans andere Ende der Diözese versetzt werden. Selbst wenn er ein Kind hat, wird es dann ohne Vater aufwachsen müssen, weil die Kirche zwar die Familie schützt, diese illegal Verliebten aber keine Familie bilden dürfen.

Alles das ist längst bekannt, ist hundertfach dokumentiert, hat aber nie einen Zug der Ehrlichkeit oder Barmherzigkeit angenommen. Dieser Tage sagte mir ein Mann, der es wissen muss, weil er in der Priesterausbildung tätig ist: »Herr Drewermann, Ihr Buch über die Kleriker ist dreißig Jahre alt.« Ich sagte: »Das stimmt.« Er dann: »Das Buch stimmt heute nicht mehr. Denn für die, die wir heute ausbilden, ist Sexualität ein moralfreier Raum.« Ich sagte darauf: »Ich habe für Leute und von Leuten geschrieben, die an ihre Ideale glauben. Wenn das stimmt, was Sie jetzt sagen, dann sollten Sie den Mut aufbringen, öffentlich zu erklären: Der ganze Zölibat ist nicht mehr haltbar, weil er gar nicht mehr existiert.« – Er: »Diejenigen, die wir dahin erziehen, glauben selber nicht daran, dass sie ihn halten könnten oder müssten oder jemals würden. Es gibt keine Generation mehr, die dahinzuführen ist. Nicht mal mehr nach deren Selbstverständnis.« – Wenn das zutrifft, ist der Zölibat nichts weiter mehr als ein Mummenschanz, der als Traditionskostümierung noch aufrechterhalten wird.

Und auch aus Gründen der Macht.

Und aus Machtgründen. – Der Pfarrer steht immer noch in der Aura der Einzigartigkeit der Gemeinde gegenüber, er verkörpert gewissermaßen das Ideal des Heiligen. Das alles müssen wir aufgeben. Wir müssten erklären: Priester sind wie alle Menschen. Die ordinierten Priester haben auch durch die Weihe keine besondere Gnade erhalten, Frauen zu meiden oder zu fliehen. Wir müssten sie die Liebe lehren, die von Jesus ist. »Als Mann und Frau erschuf er sie« steht in Genesis 1,27. Karl Barth (1886–1968) konnte dazu sagen: »Keinerlei Erlaubnis, in irgendeinem Kloster zu verschwinden, geht daraus hervor.« Das ist für reformatorische Theologen seit 500 Jahren klar und eindeutig. Wieso nicht endlich für die katholische Kirche?

Was haben wir dann zu tun mit Klerikern, die, wenn sie lieben lernen, den Bischof oder welch eine Behörde auch immer, letztlich den Papst, um Erlaubnis bitten müssen, dass sie wenigstens geordnet aus dem Klerikerstand entlassen werden können? Das war unter Johannes Paul II. ein Strangulationsmotiv. Er ließ 15 Jahre lang solche Anträge liegen, um diese Priester über die Illegitimität auszupressen, seelisch dahin zu quälen, ihren Fehlweg zu revidieren, zurückzukehren in die gottgewollte Ordnung. Das war und ist ungeheuerlich. Über all die Opfer aber, die mitbetroffenen Frauen, die unehelichen und vaterlosen Kinder, wurde nie öffentlich debattiert.

Der ganze Problembereich hat eine lange Geschichte. Sie reicht bis in die frühen Zeiten der Menschheitsgeschichte hinein.

Allerdings, die Problematisierung der Sexualität ist keine Erfindung der christlichen Kirchen. Wir sollten das kulturgeschichtlich begründen. Mit dem Neolithikum, seit 8000 Jahren, ist Sexualität in den Vegetationskulten, in den Mythen, als ein göttliches Geschehen verstanden worden; sie ist ein Dienst an der Gattung, gewissermaßen. Mit der Entwicklung des Individuums aber genügt eine solche Religiosität nicht mehr; der Kreislauf der Natur bietet keine Antwort beim Tod eines Geliebten, bei der Sinnfrage des Einzelnen; man verlangt nach Gott, nach Unendlichkeit, nach Absolutem. Das macht die Sexualität ambivalent. Sie ist keine Sünde.

Aber der Vorbehalt, Sexualität ziehe den Menschen so ins Irdische hinein, dass seine großen Hoffnungen nach Unsterblichkeit sich verstetigen im Zeitlichen, statt im Ewigen sich festzumachen, wird ein wirkliches Problem, nicht zuletzt bei Augustinus. Das muss man ernst nehmen. Es geht nicht nur einfach um Sexualfeindlichkeit oder Triebrepressionen oder um eine moralinsaure Sondermeinung. Es geht um ein wirkliches Problem: Wie ist es möglich, Zeitliches und Ewiges, Liebe und Gott, Selbstfindung des Menschen und Paarfindung unter den Händen Gottes nicht als Widerspruch, sondern als gewollte Einheit zu verstehen?

Auch hier: Schweigen im Walde. – Immer wieder frage ich mich: Warum nutzen Menschen der Kirche, besser: Männer der Kirche, die Chancen, die sich aus der gegenwärtigen politischen und gesellschaftlichen Entwicklung ergeben, nicht? Nehmen wir als ein weiteres Beispiel das Rechtssystem.

27
Du sollst nicht lügen! Du sollst keinen Meineid leisten!
Die Kirche und das Rechtssystem

Ein Zwischenglied zwischen Staat und Religion bildet von alters her das Prozess- und Strafrecht und dabei zur Beweissicherung der Eid. Es steht im Dekalog »Du sollst nicht lügen!« (Exodus 20,16) – Das heißt im Grunde: Du sollst keinen Meineid zum Nachteil eines Angeklagten vor Gericht leisten! Jedoch: Die Menschen lügen normalerweise. Also soll es eine Situation geben, in der sie unter staatlicher Aufsicht nicht lügen sollen: das ist vor Gericht. Wenn sie dort einen Meineid leisten, wird die Lüge in der BRD bestraft – von drei Monaten bis zu sechs Jahren Gefängnis. Es ist Pflicht, die Wahrheit zu sagen, damit das Gericht nicht irregeführt wird. Ansonsten aber bleibt die Lüge normal. Man darf auch niemanden etwa durch Folter zwingen, die Wahrheit zu sagen. Man muss sie ihm beweisen. Das gehört zum heutigen Rechtssystem.

Jesus meint, dass diese Doppelung nicht in Ordnung ist: Die Lüge sei normal und man müsse zur Wahrheit ausnahmsweise vor Gericht durch Strafandrohung genötigt werden. Das geht weder menschlich noch vor Gott in Ordnung. Auch das konnte Immanuel Kant sagen: Wer die Lüge akzeptiert, zerstört das Vertrauen. Das ist eines der schlimmsten Verbrechen.

Jesus wollte, dass die Menschen zur Wahrheit fähig werden, indem sie aufhören, Angst zu haben, haben zu müssen vor dem, was sie selber sind, vor dem, was sie getan haben, vor den Augen der anderen, die sie verurteilen könnten. Die

Wahrheitsfähigkeit selber ist eine Form des Vertrauens, ist zentral für die Erneuerung des Menschen in den Augen Jesu. Deshalb akzeptiert er die ausnahmsweise Wahrheit, die man staatlich erzwingen kann, überhaupt nicht. »Unzweideutig sei eure Sprache! Das Ja ein Ja, das Nein ein Nein!« (Matthäus 5,37). Und er fügt noch hinzu, damit wirklich klar ist, worum es geht: »Schwört überhaupt nicht! Leistet vor Gericht keinen Eid, der euch zwingen könnte, die Wahrheit zu sagen! Seid so ehrlich, dass ihr keine Eide braucht!« (Matthäus 5,34). Im Übrigen versprechen wir mit einem Gelöbnis allemal mehr, als wir halten können. Wir wissen doch gar nicht, ob wir das eidliche Versprechen morgen noch halten können. Wir können unsere Zukunft nicht mit eidesstattlichen Erklärungen verpfänden.

Mir kommt die Berufung auf »Gott« im Amtseid der Politikerinnen und Politiker wie eine Droge vor. Er dient wie zur eigenen Beruhigung. Man hat »es« gesagt. Und wenn man sich die Liste derer anschaut, die durch ihr Verhalten, durch ihre Taten und Unterlassungen, durch ihre Verbrechen und Menschenrechtsverletzungen den Eid faktisch gebrochen haben und immer wieder brechen, dann verliert man schnell den Respekt vor dem Ritual.

Der Eid bei einem Amtsantritt ist ein reiner Formalismus. Und ein Vorwand für die Opposition, drei Monate später zu erklären, dass man den Eid nicht eingelöst habe.

Die Forderung nach Wahrheit ist natürlich absolut wichtig. Sie zu erfüllen, wäre das Ende des Überwachungsstaates, es wäre das Ende auch der justitiären Praxis. Die Frage beim Verhör wäre, wie begleitet man einen Menschen unter Anklage dahin, dass er selber seine Wahrheit sagt? Dass er aufersteht aus dem Grab der Lüge und zur Wahrheit, zu seiner Wahrheit findet. So kann man die Geschichte von der Erweckung des Lazarus im 11. Kapitel des Johannesevangeliums lesen (Johannes 11,1–44). Das ist die Botschaft Jesu. Wenn die Kirche davon etwas konkret verwirklichte, wäre sie hochwillkommen. Sie hat einen Erlösungsauftrag der Welt gegenüber, den sie leider nur beansprucht, aber nicht ausübt.

Noch einmal: Es bleibt zu vermuten, dass die Kirche die Chance nicht wahrnimmt und dass dies ein leerer Anspruch bleibt. Alle bisherigen Erfahrungen sprechen dafür. Ich bleibe, vorsichtig gesagt, skeptisch. Der Zusammenbruch geht weiter.

Das mag so sein. Aber: Wir sind dabei zu fragen, was die Kirche machen sollte, damit sie sich selbst erhalten würde. Meine erste Antwort lautet: Eine Gruppe erhält sich nur, solange sie einen Auftrag hat, einem Inhalt folgt, für den sie da ist. Schon deshalb also muss die Kirche die Botschaft Jesu konkret verwirklichen, sie muss zeigen, dass sie wirklich nötig ist in der Welt und für die Welt. Nun also: das will sie, das soll sie, das behauptet sie. Dann soll sie's machen! Nicht den Worten, sondern den Taten nach! Und das wäre auch deshalb endlich dran, weil sie gerade an diesen sensiblen Zonen, die wir soeben genannt haben, immer wieder das Falsche zugunsten der Verträglichkeit mit dem Staat getan und darin Vorteile und Vergünstigungen für sich als Institution gesucht hat. Insofern muss sich das Verhältnis von Staat und Kirche von Grund auf ändern. Das existierende Nebeneinander oder Miteinander ist im Sinne Jesu wertlos. Auch das freilich sollte man einmal bedenken: Es war die Staatsmacht, die Jesus ermordet hat. Und sie würde ihn ganz unauffällig heute wieder umbringen. Nicht gerade am Kreuz. Aber er könnte problemlos in einer Irrenanstalt verrotten.

28
Es wird anscheinend immer fragwürdiger, was mit Person, mit Seele, mit Individualität noch gemeint ist
Kirche und die Gefahr der Verwandlung des Humanen ins Transhumane

Ich habe noch einen weiteren Punkt zu nennen, den die Kirche aufzugreifen und mit Skepsis zu begleiten hätte: die Verwandlung des Humanen in das Transhumane. Die computergestützte digitale Welt greift immer mehr den Menschen an. Sie dringt ins Gehirn ein und kopiert ganze Teile des Gehirns. Es wird angesichts der laufenden Entwicklungen immer fragwürdiger, was mit Person, mit Seele, mit Individualität noch gemeint ist. Das alles scheint jetzt in einem gewissen Sinne mechanisierbar. Und es ist hochbrisant.

Einmal angenommen, wir könnten Kinderschändung als lokalisierbar in gewissen Aktivitäten des Gehirns kausal erklären. Wir erlauben uns dabei, das Geschehen so vereinfacht zu interpretieren, dass wir die Bedingungen, etwas zu tun, für die Ursache nehmen. Dann müssten wir lediglich diesen Fokus im Gehirn kontrollieren, und wir hätten eine sichere Prognose, dass eine bestimmte Tat sich nie wiederholen würde. Etwas, das in Gerichtsprozessen ganz offen ist: Kein Psychiater kann garantieren, dass ein Sexualtäter nicht rückfällig wird, dass er austherapiert ist. Aber wenn wir hirnorganisch, neurologisch in der Lage dazu wären, den Punkt zu finden, der als Bedingung der Möglichkeit einer Straftat identifizierbar ist, könnten wir ihn wahrscheinlich mit entsprechenden Chips so verändern, dass wir die nötige Sicherheit hätten. – An diesem kleinen Beispiel ist zu sehen: Die Entwicklung wird so weiterlaufen. Das Humane wird zum Transhumanen. Zum maschinell Steuerbaren.

Zudem: Wir sind seit einigen Jahren dabei, Gedanken lesen zu können. Die Israelis haben schon vor Jahren herausgefunden, dass man neurologisch feststellen kann, was geschieht, wenn man im Kino vorne auf der Leinwand zum Beispiel Gary Cooper sieht, wie er den Revolver zückt. Was passiert dann im Gehirn? – Die Entwicklung auf diesem Gebiet schreitet weiter voran. Das Ganze ist nicht mehr utopisch. Es könnte in zehn, zwanzig Jahren zum Gedankenlesen führen. Dann werden Sie nicht mehr in die USA reisen können, indem Sie lediglich ihren Pass abgeben und durch die Sicherheitsschleuse gehen. Man wird Ihr Gehirn durchleuchten, ob Sie Kontakt zum IS haben, wie Sie denken, ob Sie staatsfeindlich oder antiamerikanistisch denken. Sie müssen nicht erst ein Buch geschrieben haben, in dem sie sich schon in bestimmtem Sinne offenbart haben. Es genügt, dass Sie solche Gedanken im Kopf haben. Wir hätten in naher Zukunft dann die Totalkontrolle über den Menschen und damit den perfekten Überwachungsstaat, eine neue Form der Sklaverei, den Einstieg in das Ende der Selbstbestimmung, in das nur jetzt noch utopisch Erscheinende.

Und weiter: Man kann damit argumentieren, dass die technische digitale »Vernunft« sich weit schneller entwickelt als die biologische Evolution des menschlichen Gehirns, die zehntausende Jahre für den kleinsten Fortschritt braucht, aber auch schneller als die kulturell vermittelten Speicher- und Verarbeitungsmöglichkeiten unserer natürlichen Intelligenz; also legt sich der Gedanke nahe, die Neuronenmaschine des Gehirns mit digitalen Netzwerken so zu verbinden, dass unsere geistige Tätigkeit unmittelbar um die technischen Möglichkeiten erweitert wird. Der Mensch ist nicht genug, er läuft aus, er muss transhuman werden, um mitzuhalten.

Was machen die Theologen, was macht die Kirche angesichts solcher Entwicklungen? Sind sie Kaninchen vor der Schlange?

Sie überlassen die gravierenden Veränderungen des Weltbildes den Naturwissenschaften. Sie bleiben ohne Antwort, sie schauen weg. – Das ist die verhängnisvolle Vernachlässigung der Naturwissenschaften vonseiten der Theologie, von der wir die ganze Zeit sprachen.

Die Naturwissenschaft kann eine Menge Technik hervorbringen. Sie hat aber weder das Recht noch die Möglichkeit, das Subjekt zu verstehen oder gar zu bestimmen und die Fragen zu beantworten, die daraus hervorgehen.

Diese ehemalige Domäne der Theologie müsste schon längst wieder kompetent, existentiell und psychologisch neu besetzt werden. Nichts geschieht aber. Man steht sprachlos mit offenem Munde da – ja, wie das Kaninchen vor der Schlange. Man nimmt es wie gelassen hin, dass der Aberglaube an die Unsterblichkeit im Internet dabei ist, den christlichen Glauben an Auferstehung zu ersetzen, als sei Person und Subjekt etwas im Datenspeicher Bestimmbares und Aufzubewahrendes.

Die gesellschaftliche und politische Diskussion darüber gewinnt immer mehr an Fahrt. Da beginnt ein epochaler Umbruch. Der Mensch ist analog. Und ich weiß nicht, wie er als Mensch digital »funktionieren« kann. Die meisten Menschen wissen noch nicht einmal, was »digital« vom Begriff her heißt. Die Kirche schweigt.

29
Wir haben davon gesprochen, wie Jesus die Kinder schützt. Was für ein pädagogisches Prinzip!
Kirche und Bildung/Erziehung

In der Digitalisierung liegt neben der drohenden Dauerkontrolle und Totalentmündigung auch die Gefahr der Steuerung und Manipulation: Der Mensch wird umerzogen. – Damit sind wir bei einem weiteren gravierenden Problem. Was hat die Kirche im Erziehungsbereich zu sagen? Es zeigt sich, dass Kinder Gefühle haben. Und die sollten nicht wegzensiert werden durch Leistungsforderungen, durch »Chips«, die schon in der Kita angelegt werden, um die optimale Einschulung, die Erweiterung des Bildungsbereichs in den Hauptleistungsfächern zu ermöglichen. Franz Kafka (1883–1924) beklagte das schon vor jetzt 100 Jahren: Die Kinder haben ein Recht auf ihre Kindheit. Oh ja, alle Politiker werden das vehement bestätigen. Aber nein, das ist immer weniger so. Die Wirklichkeit ist, dass wir sie gar nicht schnell genug auf die Realität vorbereiten können. Die Kindheit dauert zu lange. Also haben die Kinder keine ausreichende Kindheit mehr, mit der Folge, dass wir weder so etwas wie Kreativität ausbilden noch Einfühlsamkeit erlernen, noch religiöse Grundlagen erwerben. Derlei bewirkt die Zerstörung der Kindheit. Wir haben davon gesprochen, wie Jesus die Kinder schützt. Dieses Anliegen könnte die Kirche als pädagogisches Prinzip mitbewahren helfen.

Aber wie soll das geschehen, da ich keinen Mann erkenne? (Lukas 1,34). – Die Kirche leistet noch nicht einmal Nichtwiderstand. Sie macht mit an ihren Bildungsstätten. Man muss doch mit der Zeit und dem Trend gehen! Fragen Sie doch mal einen Bischof um Auskunft, was Digitalisierung bedeutet in ihren Folgen?

Er wird sie mitverkaufen als eine Gnade Gottes, die es auch gibt. Denn ja: Gott hat uns den Verstand gegeben, er hat uns die Nutzung der Naturkräfte gegeben, er hat uns neue Möglichkeiten der Gestaltung unserer Freiheit eingeräumt. Danken wir Gott!

Sprechblasen!

Man begreift das Problem nicht. Hier geht es um den Personkern des Menschen, um seine Gefühle. Das ist ein tiefes religiöses, humanes, anthropologisches Problem. – Immer wieder haben Psychologen auf den Widerspruch zwischen Gefühl und Verstand hingewiesen. Daran ist so viel richtig, als Sie nur klar denken können, wenn Ihre Gefühle einigermaßen still bleiben. Je heftiger Ihre Gefühle sind, desto stärker wird Ihr Denken um seine logische Klarheit gebracht. Umso wichtiger aber wäre es deshalb, dass wir beide Kräfte im Menschen ins Gleichgewicht brächten. Für die Pädagogik würde das bedeuten, dass wir nichts verstandesgemäß lernen sollten, was wir nicht auch im Gefühl kontrollieren könnten auf seine Folgen hin. Und umgekehrt: Wir sollten uns nicht die Ausbreitung von Gefühlen gestatten, die nicht irgendwo auch rational in die Wirklichkeit hineinpassen. Wir fürchten indessen die Gefühle, weil sie vermeintlich irrational sind. Wir verlangen, dass wir sie moralisch beherrschen. Kant hat sogar vom Pathologischen im Menschen gesprochen, das rational durch das Sittengesetz kontrolliert werden muss.

Das alles dient nicht der Integration des Menschen und verlangt förmlich eine Pädagogik, die reduktiv vereinseitigt. Umgekehrt sollten wir vorgehen: Wir haben eine emotionale Intelligenz zu fördern, die auch ethischen Impulsen folgt. Ethik basiert unter anderem im Respekt vor einem Anderen, sie wird aus Empathie geboren. Davon lebt die Ethik. Wer sich nicht in den Anderen einfühlt, hat im Grunde keinen Anlass, auf ihn Rücksicht zu nehmen. Mehr noch: Arthur Schopenhauer (1788–1860) hat darüber nachgedacht und gefordert, dass Ethik nicht rein formal und rational bleiben darf. Sie braucht ein Motiv gegenüber den Triebimpulsen, die brutal, egoistisch, sexistisch sein können. Um sie zu kontrollieren, braucht man starke Gegengefühle. – Eine Frau etwa ist begehrenswert. Aber sie ist auch liebenswert. Und beides ist ins Gleichgewicht zu bringen. Das geht nur mit einem starken Gefühl, das wir in diesem Falle »Liebe« nennen. Wertschätzung, Respekt, Anstand – sie brauchen Gefühle. Und diese müssen dementsprechend entwickelt werden, sonst sind die Gegensätze unüberbrückbar.

Vor allem: wir müssten die Einseitigkeit der Verstandestätigkeit, zu der man uns in einer gefühlskalten Welt mit System erzieht, noch weit mehr fürchten als die Vereinseitigung des Gefühls. So etwas wie den Bombenabwurf über Hiroshima am 6. August 1945 kann man nur machen mit Menschen, denen man eigene Gefühle abtrainiert hat. Da haben wir es wirklich mit gefühlskalten Verbrechern in Staatsauftrag zu tun. Menschen nur mit Emotionen mögen zu Wahnideen fähig sein, Menschen nur mit Gedanken aber zu kriminellen Taten aller Art. Seelisch gesund ist nur ein Mensch, der Fühlen und Denken vereinigt und ins Gleichgewicht bringt.

Sie haben vollkommen recht: Die Menschen sind immer noch analog. Sie haben Gefühle. Und die müssen unbedingt eine Rolle spielen. Es kann nicht die Zukunft sein, dass wir die Zwölfjährigen im Pausenhof ebenso gefühl- wie gedankenlos rein triebhaft auf dem Handy ihre Sexualphantasien austoben lassen. Von der Entwicklung der Gefühle ist in den Bildungs- und Erziehungsprogrammen aber kaum mehr die Rede.

Und von der Kirche hört man auch nichts Wegweisendes dazu.

Für die Kirche wäre gerade dies außerordentlich wichtig. Religion zu begründen im Menschen ist nur möglich auf diesem Untergrund. Wenn die Gefühle ausfallen, gibt es weder eine Personalität noch die Fragen, die damit aufgeworfen werden, noch ein Bedürfnis, auf diese Fragen eine Antwort zu finden. Dann ist Religion überflüssig. In einer rein technisierten Welt braucht man keine Religion. Roboter brauchen keinen Gott. Sie brauchen ihren Algorithmus, ihre Handlungsvorschrift. Sie müssen nicht glauben. Sie müssen richtig rechnen. Sie haben kein Problem. Auch dass sie sterben könnten, ist für sie relativ unwahrscheinlich und ihnen zumindest gleichgültig. Sie erzeugen sich selbst. Sie sterben nie.

Die Digitalisierung bedeutet daher eine enorme Herausforderung für jede Religion, wie sie da ein Widerlager bilden kann, ein Widerlager der Gefühle gegen die kalte Intelligenz, gegen den methodischen Anspruch, alle Probleme des Menschen und der Welt mit technischen Mitteln digital zu lösen, lösen zu wollen, als wenn es so etwas wie Person, Seele, Subjekt und Freiheit gar nicht gäbe.

Am Ende wird es so kommen.

Es darf nicht so kommen!

Ob es dann wirklich so funktioniert, ist eine andere Frage. Möglicherweise muss auch hier erst ein Zusammenbruch erfolgen, siehe Paulus, um danach wieder neu anzufangen.

Es ist die Frage, ob danach noch eine Änderung möglich ist! Und wenn die Kirche diese Regenerationszone des Geistes nicht rechtzeitig als ihre ureigene Aufgabe annimmt, dann verdient sie geradezu, zugrunde zu gehen.

Zudem: die Gefühle teilen wir mit den Tieren. Wer für die Vernunft der Gefühle eintritt, tritt auch ein für den Schutz aller fühlenden Wesen auf dem Planeten. Auch deshalb ist eine Korrektur des verstandeseinseitigen Menschenbildes der Kirche so wichtig: Sie sieht die Welt wesentlich anthropozentrisch und den Menschen »noozentrisch« (vernunftzentriert); die »ungeistigen« Tiere verdienen gegenüber menschlichen, sprich: wirtschaftlichen Interessen dann keine besondere Rücksicht mehr; und was wir in 200 Millionen Jahren der Säugetierevolution mit ihnen teilen und psychisch an Gefühlen und Handlungsbereitschaften in uns tragen, ist ebenfalls nur ein primitives Relikt, das wir gesellschaftlich und kulturell neu konstruieren müssen. Es sind nicht zuletzt Gefühle, die sich in der Sprache von Symbolen ausdrücken, deren Bedeutung für die Religion wir die ganze Zeit betont haben. – Sagen wir's dramatisch: Auf jedem Quadratmeter Erdoberfläche lagern heute 50 Kilogramm menschengemachte Produkte, und täglich (!) seit über 30 Jahren sterben etwa 130 Tier- und Pflanzenarten aus. Wenn wir nicht unser Menschenbild korrigieren, ist die moralische Mahnung zur »Erhaltung der Schöpfung« nicht erfüllbar. Um wie Franziskus den Vögeln und den Fischen zu predigen, brauchen wir eine Sprache des Herzens, die »pfingstlich« genug ist, dass sie alle auf Erden als ihre eigene verstehen, und eine menschliche Gemeinschaft, eine Kirche, die durch sie gebildet wird.

30
In Gottes Händen liegt jede Gemeinde. Das sind konkrete Menschen, Subjekte, nicht Objekte einer amtlich bestellten Seelsorge
Rückblick und Ausblick

Wir haben in unserem Gespräch Bausteine angeschaut und erörtert und uns gefragt, was wirklich notwendig wäre für eine Kirche, die einerseits dem Weg und dem Programm Jesu in Treue folgt und andererseits diese Nachfolge in die Gegenwartswelt verlegt und es sich nicht in einem muffigen Wolkenkuckucksheim gemütlich macht, um dort den lieben Gott einen guten Mann sein zu lassen.

Sie sprachen oft von dem Kollaps der Kirche, der schon eingetreten ist und immer schneller fortschreitet. Ich bin mir nicht ganz sicher. Bei allen Zweifeln halte ich es immer noch für möglich, dass auch die Großgruppe »Kirche« eine Transformation erlebt, indem sie endlich ihre Aufgabe in der Welt von heute begreift und sich dementsprechend organisiert. Das mag utopisch klingen. Aber: Setzen wir ihren Kollaps voraus, dann haben wir eine Situation wie 587 vor Christus in den Tagen des Propheten Jeremia. Oder im Jahre 70 nach Christus im Judentum: Es kollabiert alles, was bis dahin die Religion getragen hat. Nehmen wir das einmal an. Dann ist die Liebe selber und die Botschaft Jesu ein Beispiel, wie eine weiter sich fortsetzende Zukunft in der Kontinuität des Wesentlichen zu gestalten wäre.

Es gibt keine Zentrale mehr. Es gibt keine geordnete Priesterschaft mehr. Es gibt keine organisatorische, befehlsausgebende Stelle, keine Behörde mehr. Wir haben dann eigentlich nur noch das Gotteswort in den Kreisen derer, die an ihm festhalten und es befolgen wollen mit Kopf und Herz. Und das Vertrauen darin, dass diese Menschen sich vernünftig organisieren.

Für das Judentum war und ist die erste Basis der Selbstorganisation die Familie. Das ist bis heute überall auf der Erde, wo es jüdische Gemeinden gibt, der Fall. Sie setzen sich an den Feiertagen zusammen und lesen die Bibel. Sie erklären ihren Kindern, wie man leben könnte entlang den Texten der Bibel und des Talmud. Sie essen miteinander. Sie haben ihre Riten an den Lebenswendepunkten. Sie feiern die Einführung der Kinder in die Gemeinde. Diese Riten sind wichtig für die Selbstorganisation von Gruppen und Gemeinden. Sie stehen aus der Tradition zur Verfügung. Und sie werden begleitet mit menschlicher Nähe.

Sie sind auch im Christentum, auch in der katholischen Kirche verfügbar. Damit lässt sich arbeiten. Wir sprechen jetzt von kleinen Gruppen. Wir sagten schon: Paulus hat Familien als Kerngemeinden eingerichtet, wo immer er auch hinkam. Und er hat ihnen zugetraut, dass sie sich im Rahmen der Riten selbst konstituieren und sich entwickeln können. Das war eine Gottesdienst- und Gemeindeordnung, die sich im Prinzip bis heute durchgehalten hat und nicht gebunden ist an eine Großveranstaltung; ihre Bedeutungskraft besteht in der Dichte der persönlichen Begegnung, und eine solche ist nur möglich in Kleingruppen.

Ich bin sehr skeptisch, wenn beispielsweise bei einem Kirchentag hunderttausend Menschen zusammenkommen, Fähnchen schwenken, die gleiche Kleidung tragen und sich versichern, dass sie alle Mitglieder ihrer Kirche sind. Es hat einen gewissen Nutzen, dass man sich in einer solchen Situation für eine kurze Zeit geborgen fühlen kann. Das ist nicht zu bestreiten. Aber was den Glauben trägt, das wird auf diese Weise nicht vermittelt. Der christliche Glaube besteht nicht in der Übereinstimmung großer Massen. Im Gegenteil: Das Christentum beginnt mit der Vereinzelung. Mit dem Widerspruch zur Masse. Mit dem Misstrauen, dass das, was alle denken, richtig sein könnte. Der absolute Kontrast zum Staatlichen, zum Allgemeinen, zum Verordneten steht am Beginn des Christentums. Und dann erst kann man sehen, dass Menschen, die einigermaßen wissen, wie sie mit sich dran sind, fähig werden, Gemeinschaften zu schaffen, in denen die Hoffnung wachsen kann, sie wären von einiger Dauer.

Verdeutlichen wir das noch einmal an der kleinsten menschlichen Gruppe: an einem Ehepaar. Mann und Frau glauben sich in der Liebe verbunden. Sie versprechen sich ewige Treue, Gemeinsamkeit, bis dass der Tod sie scheidet. Und es ist jetzt wieder das Kirchenrecht, das sich weigert zu sehen, wie viel in diesem einfachen Versprechen unhaltbar wird, wenn unbewusste Prozesse stattfinden, Prozesse der Übertragung, der Wiederholung, der Angst voreinander, der Suche nach der Mutter und dem Vater, den Brechungen in der eigenen Persönlichkeit, dem Unheimlichen, das in der Seele liegt. Das alles müsste in der Liebe und durch die Liebe zueinander finden dürfen. Dies zu begleiten, vertrauensvoll, nachsichtig, es notfalls therapeutisch durchzuarbeiten, das wäre eine ordentliche Seelsorge, immer auch mit der Akzeptanz des möglichen Scheiterns.

Das würde bedeuten, dass der Priester wieder zu dem wird, was er am Anfang war: Therapeut.

Ja, Therapeut war auch Jesus. Er hat Kranke geheilt. Warum erlauben wir es der Theologie, dass sie alles, was psychisch krank ist, delegiert an »Ärzte«, die in aller Regel um dieses

Feld des Psychischen sich ebenfalls kaum kümmern und oft als Fachspezialisten in naturwissenschaftlicher Ausbildung gar nicht wissen, womit sie es zu tun haben?

Haben Sie die Hoffnung – ich habe sie kaum noch –, dass angesichts der ganzen Fragen, die wir miteinander erörtert, umrissen haben, im Blick auf die fälligen Konsequenzen, die Kirche noch wirklich reformfähig ist? Meine Zweifel bleiben hartnäckig auf Grund von in langen Jahren gemachten Erfahrungen. Ich meine, dass es ohne den schon im Gang befindlichen Totalzusammenbruch nicht »gehen« wird. Diese Kirche muss sterben. Klar ist: In diesen Zusammenbruch hinein müsste die andere Bewegung gehen, die auch schon im Gange ist.

Wenn der Zusammenbruch käme oder schon da ist, wäre diese andere Bewegung der Entschlossenen, Jesus auch in dieser Situation zu folgen, besonders wichtig. Es ist mehr denn je dringend notwendig, den Glauben in kleinen Gemeinschaften zu leben, wie wir es skizziert haben. Von der Großkirche können wir eh schon auf Grund der sich entwickelnden Fakten uns verabschieden. Wo jedoch Menschen einander begegnen in ihrer Brüchigkeit, in ihrer Bereitschaft, zu verstehen und zu begleiten, da wird konkret, was Jesus gemeint hat. Das ist etwas ganz anderes als der amtliche Priester, der nach der Ordnung Roms den »geschiedenen Wiederverheirateten« die Kommunion verweigern muss. In diesen kleinen Gruppen ist das alles erträglich, mittragbar, miteinander kompatibel. Das zu »erlauben«, wäre auch eine glaubwürdige Antwort der Kirche auf die Tatsache, dass es immer weniger Amtspriester gibt.

Wenn die Kirche den Klerikalismus aufgäbe, dass nur der amtlich bestellte Priester die Vollmacht hat, Jesus zu vermitteln, die Mahlgemeinschaft zu feiern, dann wäre schon viel erreicht. Gott liegt in den Händen der Gemeinde. Das sind konkrete Menschen, Subjekte, nicht Objekte einer amtlich bestellten Seel-Sorge. Wie die miteinander umgehen, das entscheidet über die Nähe Gottes zu den Menschen. Es müsste nur erlaubt werden. Es gibt mit Sicherheit genug Menschen, die das kompetent übernehmen könnten und übernehmen würden. Geld ist genug da, um solche Menschen auszubilden. Der Preis, der Verlust wäre freilich die Opferung der Zentralstellung der Kleriker.

Ich habe noch eine letzte Frage. Für das, was wir in unserem Gespräch klar und deutlich benannt haben, hat Eugen Drewermann ein ziemlich langes Leben gekämpft, hat harte Schläge eingesteckt. Wie gehen Sie um mit den Verletzungen, die Ihnen zugefügt wurden von der Kirche?

Die spüre ich nicht. Ich habe damals sokratisch gedacht und denke so bis heute: Wer Unrecht erleidet, hat eigentlich kein Problem mit sich selber, wenn er nur weiß, was für ihn richtig und falsch ist.

Mir tut die Kirche sehr leid der Gläubigen wegen, denen sie den Weg versperrt. Das darf so nicht bleiben. Die Kirche muss begreifen, dass das, was bisher ihre beneidenswerte Stärke zu sein schien, in Wirklichkeit ihre Schwäche ist. Die Stärke, auf die manche Protestanten neidisch guckten, war bislang ihr Zentralismus, ihre glänzende Organisation, ihre Machtstellung, ihr Kulturbesitz, ihre Universalität, ihre Masse an Menschen auf der ganzen Welt. Dagegen kam keine protestantische Teil- und Ortskirche an. Das hatte eine eigene »Größe«. Sie war aber gebunden an den Zentralismus der Lehre, an die scheinbare Sicherheit des Dogmas, an die Sicherheitsgarantie auch im Sakramentalen, an die Kraft der Begleitung des »Heiligen Geistes« – wie man meinen sollte. Das alles war die Stärke der Kirche. Sie schien unangreifbar. Ein solches System ist nirgendwo sonst bestandsfähig gewesen über mehr als 1400 Jahre. Die katholische Kirche ist die einzige Monarchie, die jenseits der Antike über einen so langen Zeitraum Dauer besaß.

Aber: Diese Stärke kollabiert nun in allem. Die Punkte haben wir angesprochen und benannt: In der Aufklärung beginnt die Autonomie des Subjekts. In der Reformation zeigt sich und beginnt die Notwendigkeit, zu begreifen, dass alles, was von Gott ist, durch die Passage des geängstigten Subjekts gehen und gegangen sein muss. Dass das Sprechen von Gott nicht eine objektivierbare, dozierbare Form von Wahrheitsbesitz darstellt, sondern eine Selbstaussage des Menschen in Richtung auf Gott, eine Existenzbestimmung. Dass man Glauben nicht beschreiben kann durch Lehrschreiben, deren Masse am Ende beeindrucken soll, die aber keine, wie Kierkegaard sagt, Existenzmitteilungen zwischen Ich und Du sind. Man glaubt nur einem Menschen, der »in Jesus« lebt, seinen Jesus. Und nur so findet man Jesus. Solche Begegnungen müssen gefördert werden. Da wäre die Kirche mehr als gefragt.

Aber die Voraussetzung ist und bleibt: Der Klerikalismus und der Zentralismus der Kleriker müssen weggeräumt sein.

Letztlich wird es auf die Praxis, weniger auf die Theorie ankommen, wenn ein in der Wurzel erneuertes Christentum im Sinne und in der Nachfolge Jesu in der Welt von heute wirksam sein will. Aufrufe dazu und Ansporn gibt es genug. Sowohl in der Geschichte der Kirche als auch in ihrer Gegenwart.

31
Ein gutes, konkretes Beispiel
Der Katakombenpakt

Am 16. November 1965 – kurz vor dem Ende des Zweiten Vatikanischen Konzils – trafen sich in den Katakomben vor den Toren Roms 40 Bischöfe aus der ganzen Welt. Sie griffen das Leitwort von der »Kirche der Armen« auf, das Johannes XXIII. einige Jahre vorher ausgegeben hatte.

Sie versprachen, ein einfaches Leben zu führen und den Machtinsignien zu entsagen sowie einen Pakt mit den Armen zu schließen. Die Bischöfe machten sich zu ihrem Sprachrohr.

Dem Katakombenpakt von 1965 ist auch 55 Jahre danach nichts hinzuzufügen. Und er gilt nicht nur für Bischöfe, weil Bischöfe allein noch nicht die Kirche sind. Die Verpflichtung der 40 Bischöfe, der sich später noch ca. 500 weitere Bischöfe anschlossen, hat folgenden Wortlaut:

1. Wir werden uns bemühen, so zu leben, wie die Menschen um uns her üblicherweise leben, im Hinblick auf Wohnung, Essen, Verkehrsmittel und alles, was sich daraus ergibt.
2. Wir verzichten ein für alle Mal darauf, als Reiche zu erscheinen wie auch wirklich reich zu sein, insbesondere in unserer Amtskleidung (teure Stoffe, auffallende Farben) und in unseren Amtsinsignien, die nicht aus kostbarem Metall – weder Gold noch Silber – gemacht sein dürfen, sondern wahrhaft und wirklich dem Evangelium entsprechen müssen.
3. Wir werden weder Immobilien oder Mobiliar besitzen noch mit eigenem Namen über Bankkonten verfügen; und alles, was an Besitz notwendig sein sollte, auf den Namen der

Diözese beziehungsweise der sozialen oder caritativen Werke überschreiben.

4. Wir werden, wann immer dies möglich ist, die Finanz- und Vermögensverwaltung unserer Diözesen in die Hände einer Kommission von Laien legen, die sich ihrer apostolischen Sendung bewusst und fachkundig sind, damit wir Apostel und Hirten statt Verwalter sein können.

5. Wir lehnen es ab, mündlich oder schriftlich mit Titeln oder Bezeichnungen angesprochen zu werden, in denen gesellschaftliche Bedeutung oder Macht zum Ausdruck gebracht werden (Eminenz, Exzellenz, Monsignore ...). Stattdessen wollen wir als ›Padre‹ angesprochen werden, eine Bezeichnung, die dem Evangelium entspricht. [Vgl. dagegen aber Matthäus 23,9!]

6. Wir werden in unserem Verhalten und in unseren gesellschaftlichen Beziehungen jeden Eindruck vermeiden, der den Anschein erwecken könnte, wir würden Reiche und Mächtige privilegiert, vorrangig oder bevorzugt behandeln (zum Beispiel bei Gottesdiensten und bei gesellschaftlichen Zusammenkünften, als Gäste oder Gastgeber).

7. Ebenso werden wir es vermeiden, irgendjemandes Eitelkeit zu schmeicheln oder ihr gar Vorschub zu leisten, wenn es darum geht, für Spenden zu danken, um Spenden zu bitten oder aus irgendeinem anderen Grund. Wir werden unsere Gläubigen darum bitten, ihre Spendengaben als üblichen Bestandteil in Gottesdienst, Apostolat und sozialer Tätigkeit anzusehen.

8. Für den apostolisch-pastoralen Dienst an den wirtschaftlich Bedrängten, Benachteiligten oder Unterentwickelten werden wir alles zu Verfügung stellen, was notwendig ist an Zeit, Gedanken und Überlegungen, Mitempfinden oder materiellen Mitteln, ohne dadurch anderen Menschen und Gruppen in der Diözese zu schaden.

Alle Laien, Ordensleute, Diakone und Priester, die der Herr dazu ruft, ihr Leben und ihre Arbeit mit den Armgehaltenen und Arbeitern zu teilen und so das Evangelium zu verkünden, werden wir unterstützen.

9. Im Bewusstsein der Verpflichtung zu Gerechtigkeit und Liebe sowie ihres Zusammenhangs werden wir daran gehen, die Werke der »Wohltätigkeit« in soziale Werke umzuwandeln, die sich auf Gerechtigkeit und Liebe gründen und alle Frauen und Männer gleichermaßen im Blick haben. Damit wollen wir den zuständigen staatlichen Stellen einen bescheidenen Dienst erweisen.

10. Wir werden alles dafür tun, dass die Verantwortlichen unserer Regierung und unserer öffentlichen Dienste solche Gesetze, Strukturen und gesellschaftlichen Institutionen schaffen und wirksam werden lassen, die für Gerechtigkeit, Gleichheit und gesamtmenschliche harmonische Entwicklung jedes Menschen und aller Menschen notwendig sind. Dadurch soll eine neue Gesellschaftsordnung entstehen, die der Würde der Menschen- und Gotteskinder entspricht.

11. Weil die Kollegialität der Bischöfe dann dem Evangelium am besten entspricht, wenn sie sich gemeinschaftlich im Dienst an der Mehrheit der Menschen – zwei Drittel der Menschheit – verwirklicht, die körperlich, kulturell und moralisch im Elend leben, verpflichten wir uns, in Gemeinschaft mit den Episkopaten der armen Nationen dringliche Projekte zu verwirklichen, entsprechend unseren Möglichkeiten.

12. Auch verpflichten wir uns, auf der Ebene der internationalen Organisationen das Evangelium zu bezeugen, wie es Papst Paul VI. vor den Vereinten Nationen tat, und gemeinsam dafür einzutreten, dass wirtschaftliche und kulturelle Strukturen geschaffen werden, die der verarmten Mehrheit der Menschen einen Ausweg aus dem Elend ermöglichen, statt in einer immer reicher werdenden Welt ganze Nationen verarmen zu lassen.

13. In pastoraler Liebe verpflichten wir uns, das Leben mit unseren Geschwistern in Christus zu teilen, mit allen Pries-

tern, Ordensleuten und Laien, damit unser Amt ein wirklicher Dienst werde. In diesem Sinne werden wir gemeinsam mit ihnen unser Leben ständig kritisch prüfen; sie als Mitarbeiterinnen und Mitarbeiter verstehen, so dass wir vom Heiligen Geist inspirierte Animateure werden, statt Chefs nach Art dieser Welt zu sein, uns darum mühen, menschlich präsent, offen und zugänglich zu werden; uns allen Menschen gegenüber offen erweisen, gleich welcher Religion sie sein mögen.

14. Nach der Rückkehr in unsere Diözesen, werden wir unseren Diözesanen diese Verpflichtungen bekanntmachen und sie darum bitten, uns durch ihr Verständnis, ihre Mitarbeit und ihr Gebet behilflich zu sein.

15. Gott helfe uns, unseren Vorsätzen treu zu bleiben.

Weiterdenken

Auf jeden Fall eine offene Kirche sein

Ich würde sagen: Schafft doch diese lebendigen, radikal zusammenhaltenden, die Gemeinden der Urkirche neu lebendig machenden Gemeinden, die ein besonderes Sendungsbewusstsein haben, die sich ganz anders empfinden als die übrige Welt. Die Frage ist dann: Gelingt es in einem genügenden Maß oder schafft man damit nur kleine Ghettoinseln, die zwar viel Nestwärme produzieren, die übrige Welt aber im Grunde gar nicht erwärmen, wie Thermosflaschen, die nach innen warmhalten und außen kalt lassen ...

Die Kirche muss auf jeden Fall eine offene Kirche sein, sie darf nicht von Leuten zusammengesetzt sein, die mit der übrigen Welt nicht fertig werden, sondern sie muss Kirche sein, die aus einer echten christlichen Grundüberzeugung heraus Menschen gewinnt, ohne sie in alter oder neuer Weise zu klerikalisieren.
Karl Rahner

Herrschen und Dienen

Da rief Jesus sie zu sich und sagte: Ihr wisst, dass die Herrscher ihre Völker unterjochen und die Mächtigen ihre Macht über die Menschen missbrauchen. Bei euch soll es nicht so sein, sondern wer bei euch groß sein will, sei euer Diener, und wer bei euch der Erste sein will, sei euer Sklave. Denn auch der Menschensohn ist nicht gekommen, um sich bedienen zu lassen, sondern um zu dienen …
Matthäus 20,25–28

In der Armut eines banalen Lebens

Brecht auf ohne Landkarte und wisst, dass Gott unterwegs zu finden ist und nicht erst am Ziel. Versucht nicht, ihn nach Originalrezepten zu finden, sondern lasst euch von ihm finden in der Armut eines banalen Lebens.
Madeleine Delbrêl

Kurzer Lebenslauf
von Eugen Drewermann

Eugen Drewermann, geboren am 20.Juni 1940 in Bergkamen, stammt aus einer gemischtkonfessionellen Bergmannsfamilie (Vater evangelisch, Mutter katholisch).

Er legte 1960 sein Abitur am humanistischen Gymnasium in Hamm ab.

Von 1960 bis 1965 studierte er Philosophie in Münster und katholische Theologie in Paderborn.

1966 wurde er zum Priester geweiht und arbeitete als Studentenseelsorger und ab 1974 als Kaplan in der Gemeinde St. Georg in Paderborn.

Ab 1968 ließ er sich in Göttingen in Neopsychoanalyse ausbilden und habilitierte sich 1978 in katholischer Theologie.

Ab 1979 hielt er als Privatdozent Vorlesungen an der theologischen Fakultät in Paderborn.

1991 entzog ihm der Paderborner Erzbischof Degenhardt (1926–2002) die Lehrbefugnis und 1992 die Predigtbefugnis. Im März 1992 folgte die Suspension vom Priesteramt. Ursache waren strittige und von der offiziellen Lehre der katholischen Kirche abweichende Ansichten Drewermanns in Fragen der Moraltheologie und der Bibelauslegung.

Am 20. Juni 2005, seinem 65. Geburtstag, trat Drewermann aus der katholischen Kirche aus.

Eugen Drewermann ist als Schriftsteller, Redner und Psychotherapeut tätig.

Themenverwandte Veröffentlichungen des Autors

Wendepunkte oder Was eigentlich besagt das Christentum?, Ostfildern 2014

Die Apostelgeschichte. Wege zur Menschlichkeit, Ostfildern 2011

Das Geheimnis des Jesus von Nazareth. Im Gespräch mit Martin Freytag, Ostfildern 2018

Quellenangaben

S. 12: Bertolt Brecht, Mutter Courage und ihre Kinder, nach: Brecht, Große kommentierte Berliner und Frankfurter Ausgabe. Band 6: Stücke 6 © Bertolt-Brecht-Erben / Suhrkamp Verlag 1989.

S. 188: Karl Rahner 1984, in einem ZDF-Interview, Tagebuch aus der katholischen Kirche.

S. 189: Madeleine Delbrêl, Gott einen Ort sichern, Texte – Gedichte – Gebete, Ausgewählt, übersetzt und eingeleitet von Annette Schleinzer, Topos Tb, Kevelaer/Ostfildern 2007, S. 39.

Eugen Drewermann

Dr. Eugen Drewermann ist Theologe, Psychoanalytiker und Schriftsteller mit internationaler Reichweite; er gehört zu den bedeutendsten theologischen Autoren. Der gefragte Referent nimmt immer wieder Stellung zu aktuellen gesellschaftspolitischen Fragen.

Michael Albus

Dr. *Michael Albus* ist Professor für Religionsdidaktik der Medien an der Theologischen Fakultät der Universität Freiburg. Der Theologe und Journalist ist Autor zahlreicher Veröffentlichungen zu gesellschaftlichen und religiösen Themen.

Eugen Drewermann bei Patmos – eine Auswahl

- **Wendepunkte**
  Oder: Was eigentlich besagt das Christentum?
  ISBN 978-3-8436-0540-3 (Print) 978-3-8436-0541-0 (eBook)

- **Wer bin ich?**
  Von Not und Gier. Grimms Märchen tiefenpsychologisch gedeutet. *ISBN 978-3-8436-1062-9*

- **Wenn mir's nur gruselte!**
  Von Angst und ihrer Bewältigung
  Grimms Märchen tiefenpsychologisch gedeutet.
  Drei Erstinterpretationen. *ISBN 978-3-8436-1027-8*

- **Landschaften der Seele oder: Was Vertrauen vermag**
  Grimms Märchen tiefenpsychologisch gedeutet Bd 1.
  ISBN 978-3-8436-0616-5

- **Landschaften der Seele oder: Wie uns die Liebe verzaubert**
  Grimms Märchen tiefenpsychologisch gedeutet Bd 2.
  ISBN 978-3-8436-0617-2

- **Landschaften der Seele oder: Wie man die Angst überwindet**
  Grimms Märchen tiefenpsychologisch gedeutet Bd 3.
  ISBN 978-3-8436-0618-9

- **Landschaften der Seele oder: Wie wir Mann und Frau werden**
  Grimms Märchen tiefenpsychologisch gedeutet Bd 4.
  ISBN 978-3-8436-0619-5

- **Geld, Gesellschaft und Gewalt**
  Kapital und Christentum Bd. 1. *ISBN 978-3-8436-0817-6*

- **Finanzkapitalismus**
  Kapital und Christentum Bd. 2. *ISBN 978-3-8436-0818-3*

- **Von Krieg zu Frieden**
  Kapital und Christentum Bd. 3. *ISBN 978-3-8436-1009-4*

- **Matthias Beier, Eugen Drewermann**
  Die Biografie. *ISBN 978-3-8436-0601-1*

Im Gespräch mit Michael Albus

Eugen Drewermann / Michael Albus
Die großen Fragen
oder: Menschlich von Gott reden
232 Seiten
Hardcover mit Schutzumschlag
ISBN 978-3-8436-0143-6

Eugen Drewermann und Michael Albus spüren anhand zentraler Begriffe der menschlichen Sehnsucht nach einem erfüllten Leben nach, das sich nicht in Äußerlichkeiten erschöpft: Angst • Liebe • Tod • Leid • Freiheit • Schicksal • Macht • Gewalt • Schuld • Gott • Seele • Traum • Was wird aus der Welt? • Was wird aus mir?

Eugen Drewermann / Michael Albus
Wege aus dem Niemandsland
Wo unsere Seele ein Zuhause findet
224 Seiten
Hardcover mit Schutzumschlag
ISBN 978-3-8436-0482-6 (Print)
ISBN 978-3-8436-0483-3 (eBook)

In der Partnerschaft konkurrieren die Bedürfnisse von »Ich« und »Du«, und die Sehnsucht nach Verschmelzung in der Liebe bleibt unerfüllt. Spannungsfelder wie Berufspflichten erscheinen oft wie ein Niemandsland, in dem man sich ohne Aussicht auf eine Lösung bewegt. Eugen Drewermann und Michael Albus zeigen Auswege auf, wie die Seele wieder ein Zuhause findet.

Die neue Reihe: Strafrecht und Christentum

Eugen Drewermann
Richtet nicht!
Strafrecht und Christentum
Band 1: Vergangene Gegenwart

Ca. 608 S.
Hardcover mit Schutzumschlag
ISBN 978-3-8436-1214-2 (Print)
ISBN 978-3-8436-1220-3 (eBook)

Nach seiner dreibändigen Analyse der Zusammenhänge von Kapital und Christentum untersucht Eugen Drewermann in seinem aktuellen Werk Strafrecht und Christentum. Er unternimmt einen kulturhistorischen Durchgang durch die Straf- und Rechtsvorstellungen von den frühen Kulturen der Menschheit bis zum europäischen Mittelalter. Das Weltbild stützt sich auf zwei scheinbare Konstanten: Der Mensch kann frei wählen zwischen Gut und Böse. Und: Was gut und böse ist, besagen die Gesetze, die entweder Gott, ein historischer Herrscher oder der Wille des Volkes festgelegt haben. Wer gegen die Gesetze verstößt, macht sich schuldig und wird bestraft. Völlig anders lautet die Botschaft des Jesus von Nazareth. Drewermann zeigt auf, wie das Kreuz ein Mahnmal Jesu gegen diese Gewalt nach innen wie nach außen ist.